T0303755

Ausiàs Cebolla
y David Alvear

Psicología positiva
contemplativa

**Fundamentos para un entrenamiento
en bienestar basado
en prácticas contemplativas (EBC)**

Prólogo de Javier García Campayo

editorial Kairós

© 2019 by Ausiàs Cebolla y David Alvear
© del prólogo: Javier García Campayo

© de la edición en castellano:
2019 by Editorial Kairós, S.A.
Numancia 117-121, 08029 Barcelona, España
www.editorialkairos.com

Fotocomposición: Grafime. Mallorca, 1. 08014 Barcelona
Diseño cubierta: Katrien Van Steen
Impresión y encuadernación: Ulzama digital

Primera edición: Octubre 2019
Segunda edición: Febrero 2020

ISBN: 978-84-9988-712-8
Depósito legal: B 14.117-2019

Ausiàs Cebolla
A la meua mini *sangha*, Pau, Júlia i Carmina

David Alvear
Lore, Olatz eta Ramarentzat,
nire itsasargi kutunenak, maitasunez

Sumario

Prólogo

Tuve la suerte de conocer a Ausiàs Cebolla en 2011, en Teruel, en un congreso de la Sociedad Española de Medicina Psicosomática que yo organizaba y al que le invité para coordinar una mesa sobre mindfulness. En el ámbito de la psiquiatría era la primera vez que el mindfulness entraba como una disciplina de pleno derecho. Me impresionaron su juventud, su gran conocimiento sobre mindfulness (leyó la primera tesis en español sobre el tema), su cercanía y su afán de aprendizaje continuo. Desde entonces, nuestra relación ha sido continua e intensa: hemos publicado múltiples artículos y dos libros tipo manual –uno sobre mindfulness y otro sobre compasión–, con dos buenos amigos y expertos «mindfulneros» como Marcelo Demarzo y Joaquim Soler.

Durante estos años, con mucha admiración le he visto crecer a nivel científico y docente. También, he sido testigo de cómo ha ido evolucionando desde la ciencia más pura hacia las tradiciones contemplativas para intentar extraer, mediante el tamiz de la investigación, todo lo que estas sabidurías milenarias tienen para ofrecer a la humanidad. Este fascinante viaje de ida vuelta, desde la ciencia a la tradición contemplativa, en el que muchos investigadores como los autores y yo mismo estamos implicados, confío en que marcará los albores del siglo xxi.

En cuanto a David Alvear, aunque nos hemos encontrado menos que con Ausiàs en nuestros devenires profesionales, hace años que coincidimos en el Máster de Mindfulness de la Universidad de Zaragoza que dirijo, porque David es uno de los mayores expertos de habla hispana en psicología positiva. Formado en Baraka Instituto de Psicología, David pudo asimilar los fundamentos contemplativos desde el inicio de su carrera profesional.

Estaba claro que este tándem era un equipo ganador y así nos lo muestran en este libro. Su modelo se apoya en el del prestigioso neurocientífico norteamericano Richard Davidson, quien basa la felicidad en cuatro actividades: 1. Mindfulness. 2. Alargar las emociones positivas. 3. Resiliencia o regulación rápida de emociones negativas. 4. Generosidad o conducta prosocial. Los autores han añadido un quinto pilar: la perspectiva multidimensional del yo.

En la primera parte del libro, se reflexiona sobre las tradiciones contemplativas abundando en el concepto que ellos han acuñado de «psicología positiva contemplativa» y al que auguramos un buen futuro. Posteriormente, debaten sobre el bienestar psicológico/felicidad para comprender mejor su esencia y sus causas. Y, sobre esta base, defienden la acción virtuosa como un elemento clave de la felicidad. Quiero resaltar que, de esta forma, dan respuesta a una de las críticas más demoledoras que se ha hecho al mindfulness desde el movimiento McMindfulness: el olvido de los aspectos éticos al descontextualizarse de las tradiciones contemplativas de las que provienen. Los autores dan un salto más y conectan la acción virtuosa con el bienestar psicológico desde una perspectiva no ética sino científica.

Sentadas las bases teóricas, en la segunda parte del libro se desarrolla una justificación general del protocolo y de cada uno de los cinco componentes, que constituye una sabia mezcla de diferentes herramientas psicológicas sobre la base del modelo de Davidson, que ellos han desarrollado ampliamente gracias a su profunda formación psicológica y meditativa. Como ellos reconocen, el libro es más teórico que práctico, porque quieren desarrollar las bases científicas de la psicología positiva contemplativa; sin embargo, ofrecen a los lectores la posibilidad de realizar prácticas, gracias a un *link* en el que se muestran ejemplos de cada uno de los pilares de modelo. Influenciados por la tradición budista, reflexionan sobre el protocolo usando la alegoría de enemigos lejanos y cercanos, una forma de diferenciar lo que quieren conseguir con otros objetivos que parecen similares, pero que no lo son.

Si el perfil de los autores y los contenidos del libro os parecen poca razón para leerlo, añado los tres aspectos más destacados de este texto, bajo mi humilde perspectiva:

1. Es el primer libro escrito en español por autores españoles sobre temas contemplativos desde una perspectiva científica. Sigue la línea de otros libros anglosajones seminales como *Advances in Contemplative Psychotherapy* y los trabajos de la Universidad de Nalanda. Puedo asegurar que con esto se abre un nuevo paradigma de terapia y de práctica.

2. Es el primer protocolo terapéutico contemplativo de amplio espectro a nivel mundial, ya que no incluye solo compasión, como ocurre con otros modelos. Mezcla mindfulness, compasión, psicología positiva y otras técnicas, siempre desde la perspectiva contemplativa.

3. Al ser un protocolo basado sobre todo en técnicas meditativas generativas (aunque incluye algún componente atencional y deconstructivo), profundiza en aspectos no abordados habitualmente, como es la imaginería, una habilidad que incrementa la eficacia de estas técnicas generativas.

Todo esto lo hacen de una forma práctica y desde una perspectiva científica, ya que están involucrados en varios proyectos de investigación, que evaluarán la eficacia del protocolo en diferentes entornos.

Por último, pero no menos importante, han sabido huir de la tendencia anglosajona de protocolizar, generar un *copyright* y desarrollar un caro programa de formación, compartiendo con generosidad todo lo que han aprendido, como siempre ha sido la norma en las tradiciones contemplativas. En suma, nos encontramos ante una pequeña obra maestra. Disfrutadla con el respeto y la admiración que merece.

JAVIER GARCÍA CAMPAYO
Catedrático acreditado de Psiquiatría.
Director del Máster de Mindfulness.
Universidad de Zaragoza

Agradecimientos

A Lama Rinchen Gyaltsen, Bhikkhu Analayo y Matthieu Ricard, por sus maravillosas enseñanzas, y a todos los autores, maestros y científicos, cuyo trabajo y conocimiento nos han ayudado a desarrollar este proyecto.

A los participantes de los grupos de EBC por haber confiado en nosotros, a los participantes en los grupos de Kontenpla Instituto de Psicología y Ciencias Contemplativas, al centro Elephant Plena, a los guerreros compasivos y al grupo de investigación Labpsitec.

A todos los que de alguna manera han colaborado en la gestación y desarrollo de EBC y de este libro.

Introducción

Este libro que el lector tiene en sus manos es muy importante para nosotros, ya que supone un primer paso para divulgar un proyecto al que hemos dedicado muchos años de reflexión y práctica para sentar las bases conceptuales de lo que hemos llamado «psicología positiva contemplativa». Un puente o espacio de diálogo entre la psicología positiva y las ciencias contemplativas, que tiene una potencial aplicación a través del entrenamiento para alcanzar un bienestar basado en prácticas contemplativas (EBC).

La felicidad y su estudio son un área de trabajo apasionante que han (pre-)ocupado a la humanidad desde hace milenios. Es más que probable que alguna vez nos hayamos preguntado qué es la felicidad y cómo lograrla. También es probable que muchos tengamos nuestra propia definición de felicidad, algo intransferible y muy íntimo, que tiene que ver con aquello que estaba presente en los momentos más felices de la vida.

La psicología positiva lleva décadas investigando la felicidad y diseñando y contrastando estrategias para aumentarla; en este sentido, creemos que las tradiciones contemplativas también tienen mucho que aportar al conocimiento científico en esta área.

En definitiva, consideramos que queda espacio para nuevas y tradicionales formas de entender el bienestar, así como para el desarrollo de las herramientas para su entrenamiento, si se logran unir los últimos avances científicos con los conocimientos transmitidos desde hace milenios en las tradiciones contemplativas.

Asimismo, creemos que este proyecto a dos manos tiene unos orígenes que pueden ser de interés para el lector, por eso, a continuación, daremos la visión personal de cada uno de los autores.

¿Por qué este proyecto?

Ausiàs Cebolla

Conocí a David Alvear en el año 2008, cuando me invitaron a participar en la formación que recién iniciaba en Baraka, el centro de psicoterapia y meditación dirigido por Fernando Rodríguez en Donostia/San Sebastián (Euskadi/País Vasco, España). Yo me acababa de doctorar con una tesis sobre terapia cognitiva basada en el mindfulness, dirigida por la profesora M.ª Teresa Miró, de la Universidad de La Laguna (Tenerife, España). Recuerdo perfectamente mi sensación de asombro al saber que personas completamente desconocidas para mí se hubieran leído mi tesis e incluso les hubiera gustado. Cuando llegué a Baraka, vi enseguida que me iba a sentir muy cómodo, tanto por la calidez del centro, y la luz que tenía, como por las vistas al museo de San Telmo, excavado en la roca.

Enseguida, David y yo encontramos puntos de contacto y surgió una relación de amistad y colaboración que fue creciendo con el tiempo. Desde hace años, ambos somos meditadores e instructores de mindfulness, y mostramos avidez por leer, conocer y profundizar sin complejos en todas las áreas del conocimiento. Coincidimos en que el mindfulness era una herramienta de transformación humana de un calado enorme, y que bien llevado podía ser el inicio de un profundo cambio tanto a nivel individual como colectivo, pero también casi a la vez fuimos siendo conscientes de la necesidad de dar un paso más. Había personas a las que no les llegaba el mindfulness y otras que, tras terminar un entrenamiento en mindfulness, optaban por no continuar con la práctica. En resumen, el mindfulness necesitaba ampliar miras.

Este movimiento fue paralelo a un resurgir entre los divulgadores del mindfulness de la necesidad de incorporar la ética en la práctica, tal y como se plantea dentro de las tradiciones contemplativas. Me rondaban en la cabeza preguntas como: ¿para qué medito?, ¿cómo convenzo a alguien de que inicie este camino?, ¿realmente es sostenible una práctica solo centrada en mi propio bienestar?, sin que lograra obtener una respuesta que me convenciera.

Por otra parte, diferentes aspectos y sucesos puntuales han sido claves para entender la aparición de este proyecto. Un ejemplo ha sido ver cómo, con los años, el mindfulness se iba convirtiendo en una marca comercial, mientras surgían a nuestro alrededor, por un lado, procesos de mercantilización del mindfulness, o como se ha llamado algunas veces McMindfulness, junto a larguísimos procesos de formación con instructores costosísimos y con *copyright*, y, por otro lado, carteles en farolas anunciando el mindfulness para todo tipo de objetivos, rebajando su estatus a los niveles de una pseudoterapia. Además, la decepción también llegaba al encontrar a personas con mucha experiencia meditativa que no tenían una conducta ética acorde con las horas de práctica.

Otro hecho, que explica la aparición de este proyecto y de este libro, fue conocer al lama Rinchen Gyaltsen, maestro tibetano del linaje Sakya y director de un monasterio en Pedreguer (Alacant/Alicante, España). La primera vez que asistí a una de sus enseñanzas fui invitado por mis amigos Jorge Moltó y Rosa Martínez de la escuela de mindfulness Elephant Plena de Valencia. En ese foro, el lama Rinchen explicó la compasión de una manera que me sobrecogió, también dijo algo que me transformó: «El mindfulness no puede ser transformador si no va a la raíz del sufrimiento, la ignorancia primaria, el egocentrismo». En ese momento, entendí que mi práctica tenía que cambiar en cuanto a la intención. Por fin, podía contestar las preguntas que rondaban mi mente. Además, ese aspecto no estaba incluido en ningún protocolo secular de mindfulness, solo faltaba encontrar modelos psicológicos que lo avalasen y acercarlo a las personas que, como nosotros, lo pudieran necesitar.

Conversando con David sobre las ideas que me preocupaban, ambos coincidimos en la necesidad de explorar nuevas vías conceptuales y prácticas para renovar el interés en la meditación. Además, la psicología positiva tenía mucho que aportar en ese sentido y era una pena que apenas hubiera puentes que unieran ambas disciplinas. En esta área, David Alvear es un experto.

El otro hito clave fue la publicación en el año 2015 de un capítulo del libro *La neurociencia de la felicidad*, escrito por el neurocientífico Richard Davidson de la Universidad de Madison (EE. UU.) y director del laboratorio para el estudio de una mente sana (Center for Healthy Minds). En ese texto, Davidson publicaba una revisión teórica fascinante en la que reducía a cuatro las habilidades que mostraban las personas que puntúan alto en bienestar psicológico. Gran parte de nuestro libro habla acerca del desarrollo de esas cuatro habilidades, ya que fueron la pieza que faltaba para lograr el diseño de un entrenamiento.

Estos aspectos hicieron que nos planteáramos la necesidad de investigar y volver la vista al *dharma*, y desarrollar un programa de intervención que cubriera nuestros objetivos. Tras varios años de trabajo, diseñamos el entrenamiento en bienestar basado en prácticas contemplativas (EBC) y llamamos psicología positiva contemplativa al espacio de confluencia entre las ciencias contemplativas y la psicología positiva.

Confío en que este libro sirva para transmitir el modelo de trabajo que tenemos en mente, y que pueda ser útil para el lector que quiera desarrollar su bienestar y el de todos los seres, así como hacer del mundo un lugar mejor para todos.

David Alvear

Considero a Ausiàs más que un amigo, lo catalogaría como un compañero del *dharma*. Nos conocimos en el 2008, cuando en la formación de instructores en mindfulness que codirigía en Baraka Instituto de Psicología, quisimos traer a los mejores docentes del Estado. Por aquel entonces, Ausiàs acababa de defender (en 2007) la primera tesis doctoral en castellano sobre mindfulness. Como a Fernando Rodríguez, presidente de Baraka, y a mí nos fascinó el trabajo, no dudamos en llamarlo y vino encantado.

Recuerdo perfectamente, cuando fui a buscarle al aeropuerto, la primera conversación que tuvimos; fue para mí casi como una revelación: un chaval joven (apenas un año mayor que yo) con el que podía compartir, debatir y criticar todos los temas relativos a la ciencia de la meditación. Era una gozada ver cómo enlazábamos conversaciones sobre temas tan diversos como la medición psicométrica del mindfulness, la integración del budismo en Occidente, o la utilización de la electroencefalografía para la medición de la asimetría funcional en el córtex prefrontal en el estudio de la depresión. Fue mágico, no estaba acostumbrado a que a alguien le interesase y tuviese tanto conocimiento sobre temas tan *outsiders* y específicos.

Desde aquel día, nuestra amistad se ha ido forjando alrededor de las prácticas contemplativas y la rigurosidad científica.

Vivimos alejados el uno del otro, pero ello no es óbice para que el contacto sea constante. También, hemos vivido desde dentro los dos movimientos: el del mindfulness y el de la psicología positiva, siempre con un espíritu crítico, pero sabiendo discernir todo lo bueno que han aportado, tanto a la psicología científica como al bienestar humano.

Hace tres años llegó un momento en el que nos pareció que, por un lado, ambos habíamos madurado tanto en conocimientos científicos como en la práctica profesional y meditativa, y que, por otro, la ciencia del mindfulness necesitaba un abordaje diferencial al existente. En relación con la práctica meditativa personal, se necesitaba ahondar, o quizás crear un modelo que permitiese sostener un equilibrio entre la indagación (sabiduría) y el cultivo del corazón (compasión) integrado en la propia práctica y, lo que es más importante, en la vida.

Esto nos hizo ver que, si bien la práctica de la meditación *vipassana* había sido la fuente de inspiración budista por excelencia en el movimiento mindfulness, quizás el budismo tibetano, a través del *pāramitāyana*, tendría algo que decir en esta segunda oleada del mindfulness y las ciencias contemplativas, más centradas en la compasión, la ética y la conducta prosocial. Por lo tanto, decidimos dar un paso más allá y diseñar un entrenamiento fundamentado en los últimos avances de las ciencias contemplativas, que fuera riguroso y de calidad, así como que se basase en el cultivo de una conducta virtuosa.

Han sido tres preciosos años de trabajo y aprendizaje, junto a una persona excepcional. El entrenamiento EBC lo hemos cocinado a fuego lento, con cariño y de manera artesanal. Muy lejos de los prototipos mercantilistas de «programa + libro + *copyright*». Deseo de corazón que esta pequeña aportación en formato de libro sirva a otros seres para ser más felices y sufrir menos.

Aspectos que se deben tener en cuenta para la lectura de este libro

Este libro es básicamente teórico, aunque en algunos capítulos se proponen ejercicios; por eso, recomendamos al lector que haga los ejercicios y no se quede en un trabajo meramente intelectual.

Además, se acompaña con una página web desde la que se pueden descargar audios de meditaciones (http://programaebc.com/recursos) tanto en castellano como en valencià/català, correspondientes al contenido teórico expresado en los capítulos que van del 4 al 9. Algunas de esas meditaciones son adaptaciones realizadas a partir de las enseñanzas del lama Rinchen Gyaltsen. Por otra parte, este libro no puede ser utilizado para llevar a cabo entrenamientos que se llamen EBC, ya que no se explica el diario de sesiones, ni las instrucciones básicas que se dan en cada sesión.

Al ser dos los autores del libro, cuando hacemos comentarios personales aparece nuestra inicial entre paréntesis para indicar cuál de los dos se refiere a ese hecho: (D) David o (A) Ausiàs.

A lo largo del texto, utilizaremos conceptos muy similares cuya delimitación requiere de un trabajo teórico, que no atañe a los objetivos de este libro. Por ejemplo, los conceptos «felicidad» y «bienestar psicológico» son muy similares, y aunque bienestar psicológico es más concreto (incluye aspectos evaluativos, afectivos y sentido/propósito en la vida) y académico, hemos decidido utilizarlos como sinónimos, con ánimo de facilitar la lectura.

Este libro no es budista, ni es específicamente para budistas, aunque entendemos que al hacer continuas referencias a la tradición budista, algunos lectores puedan dudar de lo que tienen entre manos. Por lo tanto, nos gustaría aclarar nuestra posición: el budismo es una apasionante herramienta de profundización y aprendizaje sobre la mente humana, y lo hemos utilizado como espacio inspirador, lo cual no quiere decir que lo que pretendemos hacer con el entrenamiento sea budista.

La psicología positiva contemplativa y el programa EBC tienen una base secular y científica que está inspirada en la sabiduría contemplativa budista y en otras tradiciones contemplativas.

Descripción de los capítulos

El libro se puede dividir en dos partes: en la primera (capítulos 1, 2 y 3) se presentan los fundamentos teóricos, los modelos psicológicos y los fundamentos del modelo; en la segunda parte (capítulos 4, 5, 6, 7, 8 y 9) hablamos de aspectos más prácticos sobre el entrenamiento EBC, y se describen los cinco módulos que lo conforman.

En el capítulo 1, planteamos el contexto histórico en el que se enmarcan la psicología positiva y las ciencias contemplativas, así como el espacio híbrido llamado psicología positiva contemplativa, lugar de confluencia en el que surge el programa EBC.

Posteriormente, en el capítulo 2, se profundiza sobre el concepto de «bienestar», y en cómo se plantea desde la psicología positiva contemplativa, incidiendo en aquellos modelos cuyo foco está en la transformación del ego, y no tanto en aspectos evaluativos o hedónicos. Además, proponemos cómo alcanzar el bienestar a través de la meditación y las prácticas contemplativas.

En el capítulo 3, damos un paso más y presentamos el concepto de «acción virtuosa» y su conexión con el bienestar, presentando sistematizaciones tanto de las sabidurías clásicas, como de modelos más académicos. En el capítulo 4, mostramos una propuesta de entrenamiento, que nace a partir de los modelos psicológicos planteados en los capítulos anteriores, y que pretende implementar este espacio de psicología positiva contemplativa en forma de método de transformación.

Posteriormente, se explican cada uno de los módulos que conforman el programa de entrenamiento, empezando por el mindfulness (capítulo 5), el sostén de las emociones positivas (capítulo 6), la resiliencia y el acortamiento de las emociones negativas (capítulo 7), la conducta prosocial, el altruismo y la compasión (capítulo 8).

Finalmente, se explica el quinto constituyente, referido a la multiplicidad del self (capítulo 9), y cerramos el libro con las conclusiones sobre todo el modelo expuesto y los posibles espacios de confusión.

1. Psicología positiva contemplativa: un encuentro entre dos tradiciones

La felicidad está mucho más cerca de la sabiduría que de la razón.

FRANCISCO VARELA

La búsqueda de la felicidad y la reducción del sufrimiento han sido deseados por la humanidad a lo largo de la historia. Las áreas del conocimiento que se han dedicado a su investigación han sido variadas, desde la religión, hasta la filosofía, el arte, y la última en sumarse ha sido la psicología.

Tradicionalmente, la psicología occidental apenas ha entrado en este tipo de debates, priorizando la observación del sufrimiento humano en sus múltiples formas. Los modelos de funcionamiento de la mente humana desarrollados por la psicología han sido construidos, en muchos casos, a partir del estudio de aquellas mentes que más sufrían. Asimismo, tanto el psicoanálisis como la escuela cognitivo-conductual han explorado los procesos más sutiles de sufrimiento, describiendo y analizando el funcionamiento de la mente de personas con elevados niveles de sufrimiento.

En efecto, contamos con diversos sistemas de clasificación de los trastornos mentales cuyo objetivo es describir y organizar diferentes categorías diagnósticas. Actualmente, en el DSM-V (el sistema de clasificación de los trastornos mentales más utilizado) existen 17 categorías diagnósticas, que a su vez se subdividen en más de 100 trastornos mentales. La psicología y la psiquiatría se han dedicado a investigar diferentes variedades de sufrimiento, llegando a un formidable nivel de detalle. Realizada por generaciones de expertos en psicopatología, esta ingente cantidad de trabajo varía ligeramente cada cierto tiempo, auspiciada por las novedades en la investigación y por los cambios culturales y sociales.

La necesidad de este conocimiento nace de un grave problema de gestión de la salud mental en Occidente, pues era urgente crear herramientas útiles para ayudar a las personas con trastornos mentales, y para eso había que diseñar un cuerpo teórico que permitiera diagnosticar, evaluar y categorizar ese sufrimiento. Con los años, el conocimiento sobre estas áreas ha crecido de tal manera que han aparecido voces que pedían también dar una respuesta a preguntas del tipo: ¿quién se encarga de estudiar el comportamiento de las personas que sufren menos... o que se sienten tranquilos y sosegados... o de los que se recuperan de una experiencia traumática de forma óptima?, ¿cómo funciona la mente de aquellos que tienen altos niveles de felicidad?

Probablemente, la primera respuesta que podría surgir cuando escuchamos esta reflexión es que no es necesaria. Si los profesionales de la salud ayudan a que la gente sufra menos, esto irremediablemente llevará a que aumente de forma automática el bienestar, como si la mente fuera un sistema hidráulico en el que un líquido empuja a otro. Siguiendo esta propuesta, el bienestar o la felicidad surgirían como una consecuencia natural a la ausencia de sufrimiento, pero más allá de este razonamiento, la evidencia nos confirma que no es así. Los polos sufrimiento-bienestar no son los extremos del mismo continuo, es decir, la ausencia de sufrimiento no tiene por qué llevar al bienestar, y los niveles de felicidad no implican la ausencia de sufrimiento.

Un ejemplo concreto de esta dinámica es que, en la definición de la Organización Mundial de la Salud (OMS), se deja claro que la salud no es la simple ausencia de enfermedad, sino «un estado completo de bienestar físico, psíquico y social y no la mera ausencia de enfermedad o minusvalía».[1] Esta definición, que fue desarrollada en el año 1948 y ha sido apenas modificada desde entonces, aparece en el preámbulo de la constitución de la OMS, que fue firmado por los representantes de los 61 estados que la conformaban. A pesar del consenso y de que esta definición tiene ya muchos años, no ha habido interés en su desarrollo, con las implicaciones reales que tendría en la gestión de los recursos de salud, ni se ha implementado en los sistemas públicos de salud occidentales.[2] En parte, esto se ha debido a la falta de inversión a la hora de investigar y de llevar a buen puerto esta concepción.

A pesar de que hubo algunos movimientos alineados con esta definición, sobre todo en el área de las medicinas complementarias, o en la escuela humanista de psicología, hasta finales del siglo xx no existió un movimiento científico realmente aglutinador alrededor de esta visión de la salud mental.

Martin Seligman, siendo presidente de la asociación más importante de psicología del mundo, la Asociación Americana de Psicología (APA), hizo un discurso de presidencia provocador y rupturista llamando a la recuperación no solo de aquello que falla, sino también del estudio de los aspectos positivos. Fundó así lo que se ha llamado la psicología positiva, uno de los movimientos científicos más interesantes de entre los surgidos a finales del siglo pasado.

Las ciencias contemplativas

Casi en paralelo, otro movimiento que ha surgido con fuerza, aunque sin apenas tener contacto con la psicología positiva, es el movimiento de las intervenciones basadas en el mindfulness. Varios autores sitúan la aparición de este movimiento en Occidente debido a una serie de fenómenos clave. Por un lado, la invasión de China del Tíbet hizo que grandes maestros tuvieran que partir al exilio, divulgando en Occidente un conocimiento que había estado encerrado en montañas y templos perdidos. Por otro lado, el movimiento *hippy*, la contracultura o el pacifismo, que pretendían hacer tambalear el conocimiento establecido en la década de los 60, también fueron grandes impulsores de este tipo de prácticas. Otro punto clave fue la recuperación (revisión) por parte del budismo Theravada (original del sudeste asiático) de la tradición meditativa *vipassana* y su influencia en los países occidentales. Finalmente, la auténtica clave es posible que haya sido el acierto de determinados autores, como Jon Kabat-Zinn o Richard Davidson, al ofrecer un componente científico de gran rigor a este renovado interés. Asimismo, la irrupción o, mejor dicho, la llegada de la edad de oro de las neurociencias,[3] que ha permitido profundizar y observar los cambios a nivel cerebral. Todo ello ha hecho que la tradición meditativa, especialmente la que tiene que ver con la etiqueta «mindfulness», alcanzara cotas de popularidad inauditas.

Desde nuestro punto de vista, la aparición del movimiento mindfulness a finales del siglo pasado ha sido una de las revoluciones más importantes en el área de los tratamientos psicológicos y del crecimiento personal. A través del trabajo pionero de los autores y científicos que lo lideran, se logró lo que nunca se había conseguido antes: sacar la meditación de los templos y acercarla a la población general.

Sin embargo, para alcanzarlo fue necesario renovar dos aspectos clave. Por un lado, liberar la palabra «meditación» de todo tinte religioso y convertirla en un constructo secular y operativo, que contara con una serie de mecanismos psicológicos claramente identificados y, en consecuencia, protocolizable y evaluable. En concreto, si atendemos a toda la literatura que ha surgido sobre meditación en los últimos 20 años, podemos decir que hemos avanzado muchísimo en su comprensión, al poder identificar las áreas del cerebro que se modifican, los procesos psicológicos implicados y los mecanismos subyacentes que explican las experiencias que se perciben durante la práctica.

Por otro lado, había otro gran reto: el pedagógico. ¿Cómo enseñar a meditar a alguien que no tiene un interés específico en aprender? Hasta ese momento, nadie se había preocupado por lograr ese objetivo, en parte por las características de la práctica (austera y árida en ocasiones), y también por determinados procesos espirituales recogidos por la tradición de la que es originario, como el concepto de *karma*. Con el término «originario» nos referimos a que la meditación que ha llegado a Occidente a través de las intervenciones basadas en el mindfulness proviene de la tradición budista. En todo caso, necesitaba renovarse en términos pedagógicos, y esto es posiblemente el otro gran pilar del movimiento occidental del mindfulness.

En nuestro contexto actual, el trabajo pedagógico es esencial para enseñar al aprendiz, acompañando de forma cuidadosa y sin imposiciones. Además, este trabajo ya no lo tiene que hacer un maestro de meditación formado en un linaje, sino que se estructura como un nuevo papel profesional: el instructor de mindfulness. A este respecto, es muy interesante la idea del psicólogo y monje budista retirado Edo Shonin,[4] quien plantea que los occidentales laicos pertenecemos al linaje científico del mindfulness, con textos, hipótesis de trabajo y referentes intelectuales propios, que se nutre del conocimiento desarrollado a partir de nuestro marco conceptual y epistemológico.

El contexto en el que surge este movimiento también es importante, ya que se trata de un momento en el que la meditación era una etiqueta muy criticada por los círculos más academicistas, y el constructo «mindfulness» pudo ayudar a saltar algunas barreras al identificar claramente qué procesos psicológicos se trabajaban. Con este noble objetivo, tal vez se cometieron algunos desajustes, uno de los más importantes fue utilizar el mindfulness como un término «paraguas» que engloba multitud de prácticas que en ningún caso podrían entenderse como tal. Volveremos sobre este aspecto en el capítulo 2.

En los últimos años, ha surgido una nueva etiqueta que pretende enmendar este desbarajuste conceptual y que posee una vocación integradora: la de prácticas contemplativas. Un concepto que existe dentro de otro mucho más amplio, el de las ciencias contemplativas, una disciplina en la que quedaría integrada una cantidad ingente de estudios sobre mindfulness, que claramente es el área más exitosa y con mayor evidencia. También se incluirían los estudios sobre compasión y otros aspectos que se están abriendo camino, como la ecuanimidad, el uso de *mantras* o la eficacia de las meditaciones provenientes de otras religiones, etcétera.

Uno de los intentos de definición de este espacio con más interés es el realizado por la neurocientífica, de la Universidad de Bangor, Dusana Dorjee.[5] La autora sostiene que las ciencias contemplativas tienen como objeto el estudio multidisciplinar (psicología, filosofía, estudios religiosos, neurociencia, etc.) de la capacidad de autorregulación metacognitiva de la mente y de los modos de *awareness* (darse cuenta) existencial asociados, que ya vienen modulados por factores contextuales y motivacionales. El fundamento de este movimiento es la investigación de los efectos que tienen las prácticas contemplativas sobre el bienestar humano, entendidas como aquellas actividades estructuradas que entrenan habilidades, poniendo alguna restricción, o imponiendo alguna disciplina sobre un hábito mental o físico normalmente no regulado.[6] A continuación, vamos a profundizar un poco en este modelo.

Prácticas contemplativas como herramientas de autorregulación

La autorregulación en la tradición psicológica científica se define como la regulación de la atención adaptativa dirigida a una meta, así como los procesos de regulación emocional esenciales para la modulación del comportamiento, con el objetivo de lograr determinadas metas. En consecuencia, se trata de cómo guiamos nuestros pensamientos, conductas y sentimientos para alcanzar nuestros objetivos. También incluye, entre otras, la capacidad de demorar la necesidad de recompensa, la capacidad de regular las emociones o de inhibir una conducta. Esta definición, según Dorjee, se adecua bastante a la que se propone desde las ciencias contemplativas, aunque esta disciplina incluye un aspecto más que es fundamental: el de metacognición introspectiva, o el conocimiento referido a cómo funciona nuestra propia mente, es decir, las sensaciones corporales, los fenómenos mentales, la conducta y su interrelación.

Siguiendo con el modelo de la autora, la autorregulación en el contexto de la meditación debe estar intrínsecamente conectada a factores contextuales y motivacionales e intencionales. No es lo mismo meditar para mejorar una habilidad concreta, para regular el estrés o aprender a gestionar el dolor crónico, que hacerlo para comprometerse con acciones más virtuosas, aumentar la compasión u otras de tipo espiritual como trascender el self.

Las razones por las que empezamos a meditar es un asunto apasionante, que apenas se ha investigado en la literatura científica. De hecho, resulta curioso ver cómo las demandas o las motivaciones iniciales para aprender a meditar varían con el tiempo.

En un estudio reciente, un equipo de científicos preguntó a 200 personas que iban a empezar un entrenamiento en mindfulness las razones que tenían para hacerlo. Se obtuvieron resultados muy interesantes: reducción de experiencias negativas (94,4%), aumentar el bienestar (31%), razones ajenas (derivación, recomendación) (28,4%), y razones espirituales (6,3%).[7] Lo curioso es que, al terminar, se les preguntó por las razones para continuar con la práctica, y los porcentajes variaron: la reducción de experiencias negativas se mantuvo más o menos igual (95,7%), pero aumentó notablemente el porcentaje de personas que argumentó que deseaba continuar con el objetivo de aumentar su bienestar (74,6%). Es decir, las razones varían conforme avanzan el conocimiento y la experiencia. Los procesos de autorregulación se hacen más sutiles y aumenta el conocimiento sobre cómo funciona nuestra mente. Además, determinados mitos y creencias falsas sobre la meditación (como que meditar es lo mismo que poner la mente en blanco) se van cambiando.

En nuestra experiencia como instructores, tras años dirigiendo grupos de introducción a la práctica del mindfulness, hemos observado que, en general, los participantes inician el curso con una demanda inespecífica (relajarse, curiosidad, etc.), y cuando terminan lo que han encontrado no coincide con lo que buscaban, ya que hablan de cambios en la capacidad de autocuidarse, cambios en la definición del yo, etcétera. Estos resultados coinciden con lo planteado por algunos expertos, que sugieren que a medida que crece la experiencia en meditación, los participantes cambian de buscar una demanda emocional a utilizar la meditación como vía de autoexploración o de mayor crecimiento, liberación, etcétera.

Recientemente, un grupo de estudiantes acudió a mi despacho (A) con la idea de solicitar mi asesoría para un proyecto final de máster, pues querían abrir un hotel específico para jugadores de golf, basado en el mindfulness. Recuerdo que les dije que no creía que practicar mindfulness hiciera a nadie mejor jugador de golf, ya que eso se lograba con el entrenamiento. Me miraron con cara de estupefacción... Practicar el mindfulness para mejorar el *drive* es legítimo, pero mucho mejor es darle a la bola muchas veces. Practicar mindfulness para mejorar el *drive* es como comer espaguetis con un pincel, alguno cazarás, pero el pincel no fue diseñado para comer pasta. En todo caso, el mindfulness podría ayudar a regular mejor la atención, a centrarse en el tiro y resistir la presión, y eso tal vez pueda potenciar a los que ya saben jugar. Así pues, ¿por qué aprender a meditar?, ¿hay razones más legítimas que otras?... En ese aspecto, los autores de este libro adelantamos que sí, ya que ese es, en parte, el fundamento del presente libro. Proponemos que la meditación debe estar sostenida por la búsqueda de cualidades y estados virtuosos y la reducción de los no virtuosos, haciendo explícita esta última motivación.

Una de las mayores críticas que han recibido las intervenciones basadas en el mindfulness es precisamente la de no explicitar los factores motivacionales, es decir, no plantearse la pregunta ¿para qué medito? La respuesta a esta pregunta determinará sin ningún tipo de duda la experiencia que se tenga en la práctica. Estas motivaciones o razones para embarcarse en la práctica del mindfulness dependen del contexto de su enseñanza.

Se han identificado al menos tres contextos diferentes de instrucción: (i) el espiritual, tradicionalmente el único contexto, con pedagogías basadas en las diferentes tradiciones de enseñanza que se han ido trasmitiendo de generación en generación, en algunos casos palabra por palabra. Cada linaje se centra en diferentes tipos de práctica, aunque obviamente existen algunos aspectos nucleares comunes. Por norma, el que instruye es un maestro altamente cualificado, con años de práctica meditativa y numerosos retiros realizados. Las prácticas suelen ser intensas y se le da mucha importancia al retiro y a los aspectos ritualistas y religiosos. En general, la población que acude a este contexto suele tener demandas muy espirituales y está altamente motivada para las enseñanzas que va a recibir.[8]

A este contexto, se le añaden dos nuevos, (ii) el contexto clínico (aplicado en el tratamiento de trastornos psicológicos: depresión, ansiedad, etc.), en el que se han desarrollado sobre todo las intervenciones basadas en el mindfulness, que tienen como objetivo el desarrollo de determinadas habilidades psicológicas (flexibilidad cognitiva, metacognición, regulación emocional, etc.) que son incompatibles con determinados procesos psicopatológicos (rumiación, pensamientos irracionales, etc.). La población que acude suele tener una demanda de alivio del sufrimiento o de reducción de síntomas. Aunque llega al mindfulness derivada por otros profesionales, muchas veces no muestra un interés concreto en aprender a meditar, por esta razón, se realiza un seguimiento meticuloso de la experiencia de los participantes. El instructor debe ser un profesional de la salud mental con experiencia clínica y, además, que haya recibido formación específica como instructor de mindfulness.

Finalmente, el tercer contexto es (iii) el psicoeducativo (entorno escolar, organizacional o de crecimiento personal), que es similar al clínico, pero más centrado en mejorar la calidad de vida y el bienestar. En este caso, los profesionales no tienen por qué ser del ámbito de la salud, sino expertos en el área de trabajo donde se aplique el entrenamiento. La motivación en este contexto está determinada por el ambiente laboral, horarios, etc.

Como hemos visto, cada uno de estos contextos implica motivaciones y objetivos diversos (bienestar, metas espirituales, reducción de síntomas, etc.). Por ejemplo, diferencias en la forma en la que se entiende y practica la meditación, implicaciones pedagógicas (más guiadas o más centradas en el *insight*), la población que acude, la duración del entrenamiento y de las sesiones, o los efectos potencialmente adversos que pueden surgir. La confusión entre estos contextos puede aumentar de manera exponencial los riesgos que surgen en la práctica, como psicólogos con formación insuficiente guiando retiros largos y profundos, o monjes haciendo grupos de meditación con una población clínica.

La investigación de los riesgos de la práctica meditativa, llamados también efectos adversos o no esperados, ha interesado mucho y se ha incrementado en los últimos años. En un estudio reciente, se ha visto que un 25% de los meditadores, en algún momento de su vida, ha tenido mientras meditaba un suceso catalogado como no esperado, aunque la mayoría eran leves, transitorios, y no implicaban el abandono de la práctica.[9] A este nivel, la ética del instructor es clave para saber dónde situarse, siendo fiel a una formación, a un perfil de participantes e intereses y a un objetivo: ayudar.

Volviendo al modelo de Dorjee, las prácticas contemplativas parecen mejorar la capacidad atencional y de metacognición introspectiva de los contenidos y procesos mentales. Es decir, permiten un acceso directo al funcionamiento de la mente (capacidad metacognitiva autorregulatoria de la mente). Todas las prácticas meditativas mejoran de alguna manera estos mecanismos, lo que también lleva asociada una mejora en las habilidades de regulación emocional. Finalmente, la práctica continuada lleva a un cambio en el autoconcepto, reduciendo el procesamiento autorreferencial (véase la figura 1.1).[10]

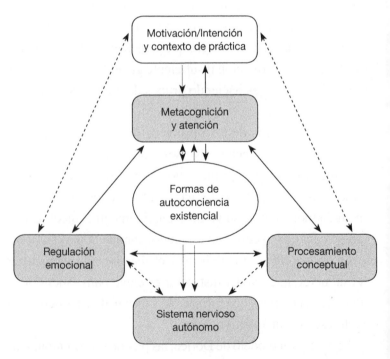

Figura 1.1. Sistemas clave y procesos modificados por las prácticas contemplativas[5]

Psicología positiva contemplativa

El objetivo de este libro es establecer puentes entre la psicología positiva y las prácticas contemplativas. Tradicionalmente, la psicología positiva ha integrado de manera más o menos clara las prácticas contemplativas, como el mindfulness o la compasión, dentro del abanico de técnicas enraizadas y potenciadoras de los aspectos positivos del ser humano. A pesar de esto, apenas se ha profundizado desde este movimiento en las implicaciones que tiene y las inconsistencias que existen entre la comprensión de la mente, los modelos de cambio propuestos y las intervenciones desarrolladas desde las ciencias contemplativas y desde la psicología positiva, así como sus posibles similitudes (virtud, bondad, altruismo, etc.).

Como veremos a lo largo del libro, es necesario generar un espacio de diálogo estable y un marco teórico común para poder avanzar. Con la finalidad de enmarcar ese espacio, proponemos la etiqueta «psicología positiva contemplativa», que surge por primera vez en un artículo publicado en la revista *Papeles del Psicólogo* en un monográfico de psicología positiva.[11]

Ese marco surge de la unión de dos ideas clave: la primera es que el mindfulness es un término que se queda corto para describir todo lo que sucede o se puede entrenar a través de las prácticas contemplativas y de la meditación. Por otro lado, tenemos la necesidad de dar un paso más en los entrenamientos estándar del mindfulness, ya que el peso de la intervención no está en la vivencia del presente *per se*, sino como vehículo para lograr una felicidad sostenible y enraizada en una vida guiada por virtudes.

En definitiva, entendemos psicología positiva contemplativa como el área de la psicología positiva que incluye un abanico de técnicas y conceptualizaciones desarrolladas por las ciencias contemplativas para el fomento del bienestar, a partir de estrategias basadas en la evidencia. En la definición de este marco de trabajo, no hay en absoluto una vocación paradigmática, ni un ánimo de «dividir» la psicología, sencillamente se trata de delimitar el área de estudio y de señalar un hueco en la literatura científica, con respecto al diálogo entre estas dos orientaciones.

2. ¿Qué es estar bien?

La psicología no puede decirle a la gente cómo deben vivir sus vidas; sin embargo, puede proporcionarles los medios para efectuar el cambio personal y social.

ALBERT BANDURA, 1977

La felicidad en tiempos de mercado

¿Qué es la felicidad? ¿Existe la posibilidad de no sufrir? ¿La felicidad es la consecuencia de dejar de sufrir? ¿La felicidad surge al cubrir todas nuestras necesidades? ¿Por qué creo que algo me hará muy feliz y, cuando lo tengo, me doy cuenta de que sigo sin sentirme lleno? ¿Puede ser desadaptativo sentirse bien? ¿Buscar la felicidad podría hacernos menos felices?

En los últimos años, la felicidad se ha convertido en un producto de mercado más, solo hay que encender la televisión para ver cuántas veces se utiliza la palabra «felicidad» en los anuncios, o la gran cantidad de libros de autoayuda que se han escrito y cómo algunos con métodos para aumentarla se han convertido en superventas. Existe una forma muy sencilla de ver las tendencias mundiales: si rastreamos en Google (https://trends.google.es), accedemos al número de veces que ponemos una palabra en un buscador. Al poner la palabra «felicidad», vemos que los niveles de búsqueda son muy elevados (en una horquilla entre 2004-2018), se alcanzan cotas de 100 (máxima puntuación dada por el servicio). Si lo comparamos con otra etiqueta como «depresión», es más llamativo todavía, porque la tendencia es claramente diferente, y llega en su punto más alto a un valor de 22. Si vamos a Amazon.es y ponemos «felicidad», en español, aparecen actualmente un total de 6.000 libros; muchos de ellos proponen un método para lograrla. La explicación de este fenómeno es clara: ser feliz es un deseo universal, que tiene una capacidad de movilización enorme y es un anhelo primario que tenemos todos los seres humanos. En la Declaración de Independencia de los Estados Unidos de 1776, el derecho a la búsqueda de la felicidad aparece citado directamente y, en la actualidad, varios estados como Brasil, Francia, Japón, Corea del Sur y Bután la recogen en su constitución de una u otra forma.

Este deseo primario, junto con su homólogo, la reducción del sufrimiento, han supuesto en muchos casos la banalización de la felicidad, con el desarrollo de una psicología poco rigurosa o *new age* que promete la felicidad en pocas semanas, o que simplifica el mensaje de forma reduccionista, casi dando a entender que si no somos felices es porque somos tontos, no queremos, o con la idea tóxica de que es un deber. Además, hay

autores que proponen que esta búsqueda de la felicidad solo
es una preocupación burguesa, un síntoma de la insatisfacción
autocentrada e individualista occidental y que no tiene ningún
impacto sobre el ajuste social o la adaptación.[1] Si bien es cierto que muchos investigadores sugieren que la búsqueda de la
felicidad se enfatiza más en las sociedades individualistas que
en las colectivistas, donde se da más importancia al bien común
que al individual, la realidad es que este anhelo está presente
para millones de individuos en el mundo.[2]

Esta idea no está exenta de polémica; por ejemplo, el filósofo Gustavo Bueno habla de felicidad canalla, en una crítica que
nos parece exagerada e injusta, pero que apunta a uno de los
riesgos que tiene la banalización del mensaje. Algunos autores
se han dedicado a investigar qué tipo de creencias hay detrás de
la aversión a la idea de que la felicidad es clave en el desarrollo
humano y han identificado tres creencias subyacentes:[3] a) ser
feliz hace que aumente la probabilidad de que algo malo me
pase; b) ser feliz me hace peor persona, y c) buscar y expresar
felicidad es malo para mí y para los otros.

Curiosamente, valorar poco el bienestar psicológico se
correlaciona con sentimientos de soledad, menor afecto y
decepción en contextos positivos, así como con una mayor
sintomatología depresiva.[4] Sin embargo, tiene sentido que, si
valoramos el bienestar, eso lleve como consecuencia un mayor
uso de estrategias para aumentar el afecto positivo.

Aun teniendo en cuenta los riesgos de mercantilizar o banali-
zar la felicidad, no podemos obviar que el bienestar psicológico

y la felicidad están de moda. Paradójicamente, los indicadores de ansiedad y depresión en nuestras sociedades occidentales postmodernas no dejan de subir. Hasta hace poco (menos de 100 años), la mera cuestión de dedicarle tiempo al bienestar carecía de sentido, pocas personas poseían la opción de cultivar el cuerpo y la mente para aumentar su bienestar. A la vez, en el ámbito científico la psicología positiva ha sido el movimiento que ha promovido con más ahínco que el estudio empírico de la felicidad es posible, aunque esto le ha supuesto, sobre todo en Europa, ser la diana de los que consideran que la búsqueda o el cultivo de la felicidad es similar al opio para el pueblo actual.

La realidad de gran parte del movimiento de la psicología positiva, especialmente en Europa, no parece que encaje con las críticas vertidas.[5] La mayoría de los investigadores, clínicos y otros profesionales que trabajan desde el término paraguas de la psicología positiva conocen el sufrimiento de primera mano, bien por sus trabajos científicos previos (por ejemplo, Martin Seligman dedicó gran parte de su trayectoria académica a la investigación de la depresión y su relación con la indefensión aprendida), o por su puesto de trabajo significativo en relación con los problemas y el sufrimiento humano. Por estos y otros motivos de carácter epistemológico y filosófico, que no procede explicar en este escrito, no acabamos de estar de acuerdo con la ambigüedad e incluso con el rechazo que genera la palabra «felicidad», ya que creemos que es un concepto rico y complejo, como para que lo haya tenido en cuenta gran parte de la humanidad a lo largo de la historia.

La felicidad ha sido motivo de estudio y búsqueda desde la filosofía griega clásica, con autores como Sócrates, Platón, Aristóteles, Epicteto o Séneca, hasta líderes espirituales y culturales contemporáneos como el Dalái Lama o Bertrand Russel, tanto en Oriente como en Occidente. Cabe señalar que en el terreno puramente científico, las investigaciones sobre el bienestar y la felicidad no hacen proselitismo de estilos de vida o de conductas concretas, pues aspiran a relacionar ciertos predictores (por ejemplo, compasión, saboreo, etc.) con el bienestar subjetivo o bienestar psicológico en algunos casos, y en otros a señalar que estos predictores funcionan en parte como causa de que las personas vean aumentar su bienestar. En el ámbito de las ciencias contemplativas, recomendamos la obra del monje budista francés Matthieu Ricard *En defensa de la felicidad*[6] que hace una pormenorizada aportación de lo necesario que es analizarla y entenderla en toda su amplitud para nuestra sociedad. Evidentemente, difieren mucho las formas de comprender y encarnar la felicidad en cada uno de los autores citados en este párrafo. Cada uno se acerca al concepto de la felicidad desde su propio contexto bio-psico-socio-cultural, pero esto no nos parece razón suficiente para no dar valor al concepto en sí, a la manera de entenderlo en cada contexto, y a la innegable posibilidad de poder estudiarlo de forma científica.

Nos alejamos de estas disertaciones filosóficas que pueden aburrir al lector y, ya tocando tierra, no podemos obviar que a la mayoría de las personas, cuando se les pregunta lo felices que son, señalan que lo son bastante. En el Estado español, la media de la satisfacción con la vida es de 6,4 (en una escala de 0 a 10), muy cercano a la media de 6,5 existente en los países de la OCDE.[7] No solo eso, desde una perspectiva educativa y cualitativa, cuando a los padres y madres les realizamos una sencilla pregunta abierta del tipo ¿qué quieres que sea de mayor tu hija?, ¿te imaginas qué responde la mayoría? En efecto, indistintamente de la opción laboral, política u orientación sexual, lo que la mayoría de los padres y madres desean es que sus hijos sean felices. Algo tendrá el concepto en sí mismo como para permitirnos el lujo de no tenerlo en cuenta. Cuando se buscan explicaciones al fenómeno de por qué las personas relatan que son relativamente felices con su vida, encontramos ciertas respuestas en las propuestas de la psicología evolucionista.

Parece que la felicidad, o más específicamente la satisfacción con la vida, es el estado natural de una mente humana sana, que no se halla sometida a amenazas ni estresores externos. A este estado de la mente, el biólogo noruego Bjørn Grinde de la Universidad de Oslo lo denomina «contentamiento de base» (*default contentment*), subrayando que, si bien la selección natural no le ha deparado a nuestra especie una tendencia a una alegría excesiva, sí que está en el interés de nuestros genes habitar un sujeto con un marco mental moderadamente positivo.[8] Si lo planteamos de otra manera, una actitud negativa hacia la vida disminuye el deseo de supervivencia y de procreación. El caso paradigmático por excelencia es el del sujeto con una mente con tendencia a la depresión. Tal como se ha visto en distintos experimentos, las emociones positivas generan una experiencia de apertura y amplitud en la atención y en la forma de pensar, ayudando a la persona a descubrir e implementar distintos recursos personales.[9] Esta propuesta también encaja con un planteamiento evolucionista de las emociones positivas, ya que nos permite actuar de una manera más flexible. Resumiendo: desde una perspectiva evolucionista, no parece tan descabellado pensar que la felicidad emerge o se selecciona en la evolución, como una estrategia del individuo para la supervivencia y para la procreación.

En otro orden y como hemos señalado más arriba, el significado de la felicidad no ha sido el mismo a lo largo de la historia, ni existe un consenso en las diversas culturas sobre sus implicaciones. De acuerdo con la filosofía de Confucio, en la cultura china, la felicidad (*fu*) se logra a través del conocimiento, la benevolencia y la armonía grupal. Según esta tradición, el bien colectivo está por encima del individual, así que contribuir a la sociedad es la felicidad última, mientras que el hedonismo se ve como algo que no merece la pena, lo que implica que esta forma de felicidad no siempre tiene tono afectivo positivo. Por otro lado, en el taoísmo, la felicidad (*tian ren he yi*) es la liberación de todo deseo humano, para lograr un estado de paz mental. En este caso, tampoco la felicidad implica un estado de alegría, sino que es mucho más cognitivo y centrado en el *insight*.[10]

A pesar de estas diferencias, parece cierto que sí supone un elemento central a la hora de sostener y dar motivos de significado vital al ser humano. Cuando planteamos en su conjunto el programa EBC, partimos de una premisa que dejamos que la transmita el XIV Dalái Lama:

Como seres humanos, todos buscamos la felicidad y tratamos de evitar el sufrimiento.

Si nos acercamos con una mente mínimamente abierta y compasiva al fenómeno humano, no encontraremos demasiados casos en la historia de la humanidad en los que alguien no quisiera ser feliz y no tratara de evitar el sufrimiento. Esta premisa se sigue cumpliendo incluso detrás de las historias más tristes y desoladoras, como los suicidios, las matanzas indiscriminadas o las personas con alguna psicopatía, que llevan a cabo estas acciones porque creen (de manera equivocada, distorsionada o inadaptada) que lo que hacen les hará ser más felices o al menos sufrir menos.

¿Es posible ser más felices o tener mayor bienestar?

Esta pregunta es la auténtica clave y, según cómo la respondamos, entenderemos el resto del libro. Sonja Lyubomirsky, profesora del Departamento de Psicología de la Universidad de California en Riverside, establece que hay razones para ser pesimista y razones para ser optimista con respecto a la idea de que podemos aumentar nuestros niveles de bienestar.[11] Las razones para ser pesimista son: la existencia de lo que se ha dado en llamar un *set point* (o *set range*) con una fuerte base genética. Lykken y Tellegen plantean esta teoría del *set point* a partir del análisis del estudio de gemelos y de adopciones, encontrando que el bienestar tiene un porcentaje de heredabilidad de hasta un 80% (otros autores lo bajan al 50%), es decir, todos tenemos un estado de felicidad basal al que volveremos siempre.[12] Por ejemplo, si nos compramos un modelo de coche que siempre hemos deseado, esa felicidad nos durará un tiempo, pero a la larga siempre volveremos a nuestros niveles iniciales o *set point*.

La segunda razón para ser pesimista es toda la literatura científica sobre rasgos de personalidad. Años de investigación nos confirman que existen determinados rasgos que se correlacionan con el bienestar, como un bajo nivel de neuroticismo o extroversión, y que además tienen un componente genético importante. En resumen, nacemos con unos rasgos predeterminados que nos facilitarían el acceso al bienestar. Finalmente, la tercera razón es la idea de la adaptación hedónica, que plantea que toda ganancia será solo temporal, porque los humanos nos adaptamos rápidamente al cambio y, por lo tanto, siempre necesitaremos mayor dosis para obtener el mismo beneficio.[13] Personas a las que les ha tocado la lotería vuelven a los niveles de bienestar previos a ganar el premio, alrededor de un año después, o incluso personas que han sufrido una desgracia son menos infelices de lo que podríamos pensar, pasado un determinado tiempo. Esta teoría ha sido muy cuestionada, ya que no siempre se puede aplicar en todos los sujetos y en todas las situaciones. A fin de cuentas, este argumento nos hace pensar que la idea de aspirar a alcanzar un mayor bienestar es un producto más de un consumo vacío y tramposo. En consecuencia, mejor dedicar nuestro tiempo a cosas más factibles y útiles, como aprender idiomas.

Sin embargo, por otro lado, también existen razones para el optimismo, que son por las que apostamos los autores de este libro, y sobre las que se fundamenta el programa EBC. Aun aceptando la idea del *set point*, existe todavía un porcentaje de cambio amplio: un 50% incluiría felicidad basal, un 10% circunstancias vitales relevantes y un 40% actividades intencionales, a pesar de que estos porcentajes hayan sido foco de polémica, debido a su base especulativa.

La primera razón para ser optimistas, de acuerdo con Sonja Lyubomirsky, es que hay evidencia de que el bienestar se puede aumentar a través de intervenciones psicológicas. Existen determinadas virtudes como el perdón o la gratitud, así como ciertos hábitos, como la meditación o la actividad física, que han mostrado ser eficaces en el aumento del bienestar psicológico. La segunda razón es que existen aspectos motivacionales o actitudinales controlados por la voluntad que tienen relación directa con el bienestar, como aprender a ser amables con uno mismo, aprender a poner en palabras los estados internos, evitar las comparaciones y los juicios, o el optimismo. Finalmente, la tercera razón es que sabemos que las personas mayores suelen sentir más bienestar que los más jóvenes. Por lo tanto, aunque los genes expliquen algo de nuestra capacidad para el bienestar, tenemos un porcentaje de cambio amplio que hace que merezca la pena invertir nuestro tiempo en conseguirlo.

Si tenemos razones para el optimismo, entonces merece la pena atender a lo que indica la literatura científica sobre cómo aumentar los niveles de bienestar. Lyubomirsky identifica tres patrones de conducta, que a su vez se dividen en catorce conductas inductoras de bienestar psicológico (Tabla 2.1).[14] En un estudio realizado con 803 estudiantes, se encontró que las conductas que más se correlacionaban con la felicidad eran el cultivo del optimismo, el saboreo y el uso de estrategias para reducir la preocupación.[15]

Factor	Conductas inductoras de bienestar
Proactividad / positividad	Nutrir las relaciones humanas Actos de amabilidad Cultivar el optimismo Saboreo *Flow* Reducir la preocupación Compromiso con metas Desarrollo de nuevas estrategias de afrontamiento Gratitud
Espiritualidad	Actividades espirituales Meditación Perdón
Salud	Ejercicio físico Estilos de ingesta saludables

Tabla 2.1. Conductas inductoras de bienestar[14]

Estas razones son claves para entender la psicología positiva contemplativa, que incluye estrategias que han demostrado ser eficaces, como el entrenamiento en la gratitud o el altruismo. Asimismo, se promueven cambios actitudinales o motivacionales, como la aspiración a una comprensión diferente del self (un ego más desprendido o un funcionamiento más hipoegoico), y se entiende el bienestar como un proyecto vital, como una forma de estar en el mundo, no como una meta concreta que consumir. Resumiendo, el programa EBC pretende entrenar predictores y actividades virtuosas como la esperanza, el saboreo y la compasión, entre otras muchas, para ayudarnos a aumentar el nivel de bienestar subjetivo.

Retomando la pregunta sobre si los seres humanos tenemos alguna posibilidad de modificar nuestro nivel basal de felicidad, podríamos profundizar más. Se ha visto que el *mindset*, o nuestra mentalidad sobre la capacidad de cambio que existe con respecto a la felicidad, influye en nuestra propia felicidad. Si lo expresamos en forma sencilla, creer que la felicidad es modificable y que se puede hacer algo para aumentarla está más relacionado con un nivel alto de felicidad, mientras que, si se piensa que la felicidad no es modificable, es más probable que se experimenten niveles más bajos de felicidad. No solo eso, sí que existe un margen para cambiar el *mindset* y las creencias sobre la felicidad, mediante intervenciones relativamente breves. Pensando en la efectividad de los entrenamientos destinados a aumentar la felicidad, parece adecuado que los participantes mantengan un *mindset* de crecimiento o una mentalidad en la que crean que la felicidad es mejorable, aunque sea en un porcentaje mínimo.[16] Esto se puede conseguir simplemente con un breve encuentro de carácter psicoeducativo en el que se enseñen las bases científicas existentes que certifican que el bienestar subjetivo es relativamente modificable, mediante el entrenamiento de la mente y la conducta.

¿Qué entendemos por bienestar psicológico?

Hagamos un ejercicio, imagínate un día dentro de 20 años... imagínate feliz, sonriendo, pletórico, sintiéndote satisfecho con tu vida... ¿Cómo es esa vida? Imagínate que te encuentras a un viejo amigo que hace tiempo que no ves, y cuando lo saludas por la calle le dices: «¿Sabes qué? ¡estoy en un momento en mi vida el que me siento lleno, pletórico, lleno de gozo!». Y este amigo que hace tiempo que no ves te contesta: «Ah ¿sí? cuéntame cómo es esa vida. ¿Qué características tiene? ¿Cómo identificas este bienestar?». ¿Qué le contestarías? Esa respuesta será lo más parecido a una definición de bienestar.

Algo parecido hicieron en un estudio con una muestra de cuatro países (Canadá, Japón, India y China) en los que se invitó a los participantes a imaginarse a sí mismos a los 85 años o cerca del final de sus vidas. Se les preguntó sobre los criterios que utilizarían para decidir que lo que estaban viviendo era una vida que valía la pena, es decir, los indicadores que confirmaran que su vida merecía la pena ser vivida y que era una buena vida. Se categorizaron las respuestas, llegando a un total de 30 diferentes. Las cinco más frecuentes fueron: tener amistades duraderas y cercanas; tener una familia feliz y con salud; tener un impacto positivo sobre los otros; hacer que el mundo sea un lugar mejor, y tener una pareja duradera o una relación romántica. A pesar de que este estudio tiene la limitación de haber sido realizado con estudiantes, nos confirma un aspecto importante: tenemos definiciones laicas del bienestar bastante sabias, compasivas y centradas en la interacción social.[17]

En otro estudio, Ethan McMahan y su equipo identificaron cuatro dimensiones que se suelen incluir en las definiciones de bienestar. La primera es que la mayoría de las personas piensan que es muy importante tener experiencias placenteras, es decir, bienestar hedónico, así como el menor número posible de experiencias negativas.[18] Otra fue la del autodesarrollo, y finalmente la percepción de contribución a los otros. Curiosamente, la que más se correlaciona con las diferentes dimensiones del bienestar psicológico son el autodesarrollo y la contribución a los otros, también puntales de la psicología positiva contemplativa.

En los grupos de EBC se plantea una pregunta muy similar al inicio de la sesión 1, y, efectivamente, las respuestas confirman esta tendencia (tenemos claro qué hace que la vida merezca la pena) y, además, coinciden con las investigaciones recientes. Entonces, ¿tenemos o no tenemos bienestar? Como hemos señalado más arriba, los datos indican que cuando preguntamos a las personas por una puntuación del 1 al 10 en bienestar psicológico, estas suelen responder bastante alto (puntuación media de 7); pero a pesar de eso, continuamos buscando el bienestar psicológico.

Aunque pueda parecer una cuestión evidente, hay muchas personas que nunca se han preguntado por su concepción de lo que es la felicidad, o en el caso de que se lo hayan planteado, no se han dedicado un rato, con cierta tranquilidad, a responder en forma pormenorizada. Cuando damos un tiempo para reconstruir una definición acorde con las creencias de cada uno, en cuanto a la felicidad, lo que nos interesa es que el participante elabore una narración coherente y que concuerde con su planteamiento vital y que, a la vez, lo pueda entender un niño de 10 años o un anciano de 90. Cada ser humano posee no solo su propio *mindset* o creencias sobre la felicidad, sino que también dispone de una narración interna que quizás no haya expresado nunca, o que quizás nunca la haya verbalizado.

A continuación, citamos ejemplos reales de definiciones sobre la felicidad de participantes en el programa EBC.

- Para mí, la felicidad es pasar el rato con las personas que quiero y emplear el mayor tiempo posible en hacer actividades que me gustan y me sientan bien.
- Para mí, la felicidad es que me vaya bien en el trabajo, con mi pareja tener proyectos para poderlos compartir y estar en contacto con los míos (amigos y familia).
- Es un estado en el que te sientes tranquila y en paz, y tienes pensamientos positivos en el presente e ilusionantes para hacer cosas hacia el futuro.

- Reír mucho, tomarse los problemas de la vida con más calma y distancia, vivir tranquila y sin agobios.
- Estar al lado de los que sufren, acompañar en la vida a personas que lo pasan mal y saber que les estás siendo de ayuda.
- Esforzarse por conseguir los objetivos que uno se propone en la vida, conocer lugares y gente nueva, y sentirse a gusto allí donde estés.

Tal y como hacemos en el programa EBC, nos gustaría que crearas tu propia definición de felicidad. Imagínate que se lo tienes que explicar a un niño de 10 años o a un anciano de 90, si te preguntaran, y ¿para ti qué es la felicidad?

Para mí, la felicidad es ....

....

....

La propuesta del programa EBC

En el programa EBC intentamos distinguir dos ámbitos no siempre complementarios, pero que resulta fundamental respetar: por un lado, se le da mucha importancia a la definición personal de la felicidad de cada uno de los participantes, y, por otro lado, se hace una propuesta a partir de modelos de bienestar enraizados en las tradiciones contemplativas.

Nuestro planteamiento está basado en abordajes epistemológicos centrados en la disminución del egocentrismo y en el entrenamiento en conductas y prácticas contemplativas que funcionen como *causas* de la felicidad. Para ello, nos basamos en dos modelos teóricos sobre la felicidad a los que haremos referencia brevemente. El modelo de actividad eudaimónica de Ken Sheldon,[19, 20] profesor de la Universidad de Missouri, y el modelo de la felicidad ego-céntrica/desprendida de Michaël Dambrun y Matthieu Ricard.[21]

El modelo de actividad eudaimónica de Sheldon

Las teorías que fundamentan la felicidad en el placer (hedonismo) y aquellas que lo hacen basándose en una vida virtuosa (eudaimonía) han estado casi siempre enfrentadas. Aunque la psicología científica de los últimos lustros ha realizado numerosos intentos para integrarlas, esta tarea no ha estado exenta de discrepancias, falta de consenso y cierta confusión.[22]

En nuestro caso, nos centraremos en el modelo que propone Ken Sheldon, defendiendo la eudaimonía como un término concebido originalmente como una vía de actividad virtuosa y no como un sentimiento, como una condición psicológica o como un tipo de bienestar. El bienestar subjetivo sería el resultado (el subproducto) de la acción virtuosa y, por ende, la acción o actividad virtuosa sería la causa de la felicidad.[19, 20] En este modelo, se entiende que cada persona posee una am-

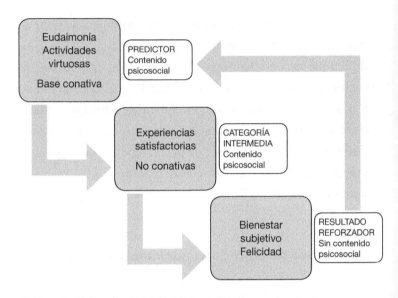

Figura 2.1. Modelo de actividad eudaimónica[20]

plia variedad de opciones basadas en qué hacer, con quién, qué creer o pensar, o a qué prestar atención. La ventaja de tomar decisiones sabias y virtuosas (acciones eudaimónicas) basadas en todas estas opciones deriva en experiencias satisfactorias. Y finalmente, estas experiencias satisfactorias tienden a aumentar los niveles de bienestar subjetivo y refuerzan las decisiones sabias y virtuosas motivándonos a volverlas a realizar (véase la figura 2.1).

Así, cuando una persona lleva a cabo prácticas eudaimónicas, como una conducta ética adecuada o una conducta prosocial o compasiva, es muy probable que emerjan experiencias satisfactorias de corte psicosocial: la toma de conciencia de

unas relaciones sociales más positivas, la sensación de crecimiento personal, o el asombro por la naturaleza humana. Estas experiencias satisfactorias impactan directamente en los
niveles del bienestar subjetivo de la persona, aumentando los
de afecto positivo y de satisfacción con la vida y, a su vez, dis-
minuyendo el afecto negativo (Véase figura 2.2).

A lo largo del programa EBC ejercitamos varios predictores
del bienestar: virtudes o habilidades psicológicas que entrenamos mediante prácticas contemplativas, ejercicios y autorre-

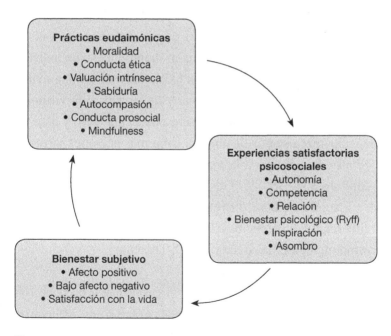

Figura 2.2. Modelo de actividad eudaimónica de Sheldon y funcionamiento del crecimiento personal o florecimiento[19, 20]

gistros, sobre los cuales existe cierta evidencia científica de su relación causal con el bienestar. Las virtudes y habilidades psicológicas concretas van desde el cultivo de la esperanza, el deleite o disfrute, la práctica de la gratitud y la conexión con las fortalezas, pasando por la resiliencia, la compasión y la autocompasión y el altruismo, hasta el análisis de la multiplicidad del self y el propio mindfulness como elemento transversal.

Entendemos que para el aumento de la felicidad es necesario el cultivo de un carácter virtuoso, depositando el foco principal en la actividad que refleje la virtud, la excelencia, lo mejor que hay dentro de nosotros y el total desarrollo de nuestro potencial.[23] En este modelo, el placer de base hedonista o bienestar subjetivo encaja como un subproducto o un indicador de la búsqueda de la virtud. Si lo planteamos de una manera más sencilla, ser buena persona y llevar una vida virtuosa y sabia mediante acciones virtuosas nos sienta bien, y hace que nos apetezca seguir llevando a cabo más acciones virtuosas. El aspecto relativo a la vida virtuosa lo desarrollamos en el capítulo 3.

En cierta manera, queremos dar validez científica a la intuición relativa a la felicidad, la que proponía el escritor y filósofo estadounidense del siglo XIX H.D. Thoreau:

> La felicidad es como una mariposa, cuanto más la persigues, más te eludirá. Pero si vuelves la atención a otras cosas, vendrá y suavemente se posará en tu hombro.

En sintonía con lo que propone la ciencia de la felicidad en la actualidad, esta idea va en una dirección opuesta a la tendencia compulsiva actual, en la que el éxito y la felicidad surgen desde una base individualista, lideradas por los *mass media* y las redes sociales.

Las ciencias contemplativas como camino al bienestar

En la medida en que las ciencias contemplativas están influidas por tradiciones espirituales, tienen una definición de bienestar, y sobre todo del método para lograrlo, muy apoyada en el pensamiento oriental. En otro estudio monumental sobre definiciones laicas de felicidad, Antonella Delle Fave de la Universidad de Milán, junto con un equipo multinacional, obtuvieron unos descubrimientos muy interesantes con una muestra de casi 3.000 personas de 12 países, de los cinco continentes.[24] A los participantes en este estudio les preguntaron por lo que entendían como felicidad y los resultados fueron llamativos. La primera conclusión fue que la mayoría de las definiciones de bienestar fueron psicológicas, dejando por detrás definiciones de tipo familiar, salud, laboral, etcétera. Por otro lado, estas definiciones de tipo psicológico se podían dividir en 14 categorías, siendo la más común la que entendía la felicidad como armonía interior o equilibrio (que a su vez incluía conceptos como paz interna o emociones como «estar contento»), muy por encima de la siguiente categoría que era satisfacción o estados y emociones positivas. Este aspecto es curioso ya que implica, para la autora, que se deben reconsiderar los modelos de bienestar o, al menos, aumentar la investigación en aquellos que incluyan esos aspectos. Por alguna razón, esta idea de felicidad a través del equilibrio y la armonía ha sobrevivido en los conceptos no religiosos de felicidad y, en cambio, ha tenido un papel marginal en las teorías científicas del bienestar.

En el budismo no hay una definición de felicidad como tal, al menos como la entendemos en Occidente. Se habla de *sukha*, que puede ser definido como un estado de florecimiento que emerge como la consecuencia de un equilibrio mental y de la comprensión profunda de la naturaleza de la realidad.[25] Más que un estado emocional puntual y una valoración de la vida, *sukha* es un rasgo duradero. En el otro extremo, tenemos el concepto de *dukkha*, que es más que sufrimiento ya que supone una vulnerabilidad al sufrimiento y al dolor, debido a una mala comprensión de la naturaleza de la realidad.

Para esta tradición se puede alcanzar *sukha* a través de un entrenamiento de la atención, del equilibrio emocional y de la sabiduría. De esta forma, uno puede distinguir las cosas tal y como se presentan en los sentidos de los prejuicios o sobreimpresiones. Desde las ciencias contemplativas, existen diversos modelos de bienestar, pero especialmente hay dos propuestas que nos parecen fundamentales para el desarrollo de la psicología positiva contemplativa, y más concretamente para el EBC. Se trata de modelos de felicidad basados en el funcionamiento egoico y no tanto en los aspectos más hedónicos o evaluativos.

Modelo de funcionamiento hipoegoico

Uno de los mayores expertos en funcionamiento hipoegoico es el profesor de la Universidad de Duke (EE. UU.) Mark Leary. Según este autor, los estados hipoegoicos pueden suceder de manera espontánea (experiencias de *flow*, asombro, trascendencia, etc.) y se caracterizan por una disminución de la atención autorreferencial o un aumento de los pensamientos concretos centrados en el presente.[26] Este mismo autor cita a uno de los padres de la psicología como referente de este planteamiento: Williams James,[27] filósofo y profesor de psicología en la Universidad de Harvard a principios del siglo xx.

Según este autor, podemos discriminar entre dos formas de entender el self. El self-como-sujeto (también llamado el self nuclear o el self mínimo) y el self-como-objeto (también llamado self narrativo o self extendido).[28, 29] El primero se refiere a la capacidad de tomar conciencia de uno mismo y de la experiencia inmediata en el mundo, desde una perspectiva de primera persona,[26] siendo conscientes de que somos el centro de esa experiencia. Se trata de la parte del self que percibe la experiencia de forma pre-reflexiva. Por ejemplo, si estamos paseando por un parque y de repente vemos un paisaje precioso, el self-como-sujeto se da cuenta de que surge una experiencia de placer y disfrute por esta visión.

Es la parte del self que se mantiene invariable en el tiempo. Existe continuidad en cómo nos sentimos «yo», a pesar de que desde que somos pequeños han cambiado mucho nuestro rostro, facciones, tamaño y volumen del cuerpo, e incluso nuestra identidad. Es la parte del yo que se encarga de integrar la experiencia, dando coherencia a la experiencia vivida.

Por otro lado, el self-como-objeto se refiere a la capacidad cognitiva de conocer, es decir, de poner la atención y de pensar acerca de uno mismo en relación con el mundo que nos rodea. Implica un funcionamiento en tercera persona (versus primera persona) y comprende la capacidad de: 1) llevar a cabo representaciones de hechos internos y objetos en forma de sentimientos, y 2) ser guiado por esas representaciones para llevar a cabo una conducta dirigida a una meta. Estos dos self emergen de estructuras cerebrales y muestran un funcionamiento de redes neurales diferente.[30] Si utilizamos un ejemplo anterior, se trataría de la parte del self que integra la experiencia de placer por ver un paisaje en una entidad llamada «yo», es decir, «yo, disfruto del paisaje», y por consiguiente la experiencia es «mía».[31] Para hacer esto, necesita operar (al contrario del self-como-sujeto que solo opera en el presente) en el pasado y en el futuro, creando una sensación subjetiva de continuidad, dando un sentido de identidad y con una narrativa autobiográfica que se construye en el pasado y se proyecta hacia el futuro.[32]

Ambos self se relacionan de forma dinámica y frecuente, estableciendo un diálogo constante entre lo vivido (en primera persona) y lo narrado (en tercera persona). El problema (o la raíz del sufrimiento) es no entender que este self-como-objeto o self narrativo es un mapa o un modelo (consecuencia de un determinado entorno) y no una entidad estática, que tiene una serie de esquemas e hipótesis acerca de la realidad y no una realidad en sí misma (se entiende que lo único real es el self-como-sujeto). Si alguien tiene una infancia en un entorno muy estricto y no cumple las expectativas de este entorno, es fácil que reciba muchas críticas y que desarrolle una imagen de sí mismo como persona poco eficaz, llegando a creer, en último término, que esta etiqueta realmente le describe. Esta visión se mantendría incluso si cambia el entorno y pasa a uno más laxo, donde ya nadie retroalimenta esta visión.

El problema es que creemos que las representaciones mentales sobre nosotros mismos son en esencia nuestra identidad, haciendo que nos identifiquemos de forma muy intensa con ellas. Alimentamos, protegemos y defendemos esta imagen de nosotros mismos como si fuera algo más que un producto de la percepción o del pensamiento, como si fuera real. Por consiguiente, una persona egocéntrica se sobreidentifica con esta construcción mental de sí mismo.

Vamos a poner un ejemplo para ver las implicaciones cotidianas de este funcionamiento: imaginemos a dos profesoras de universidad, que se definen a sí mismas como buenas docentes. Obviamente, esta definición surge de sus experiencias previas en las que diferentes generaciones de alumnas han retroalimentado esta visión. La primera entiende que esta definición de buena profesora es fruto de un contexto, del tipo de asignatura que da, del horario en el que se imparte, de la apertura de los alumnos, de la preparación de las clases, de sus habilidades de expresión, etcétera. En cambio, la segunda cree realmente que ser una «buena docente» es una de sus características y que forma parte de su identidad. Sin embargo, un año, de repente, ambas reciben muy mala valoración por parte de un grupo de alumnos. ¿Responderán de forma diferente a esta experiencia negativa? Entendemos que la primera utilizará el mismo razonamiento contextual para integrar esta experiencia, mientras que en el caso de la segunda lo lógico sería que se enfadara con estos alumnos, y que pensara que es una venganza para hacerle daño. Por consiguiente, el impacto emocional sobre la segunda será mucho mayor que sobre la primera.

Un funcionamiento hipoegoico supone un bajo grado de identificación con este self-como-objeto, y eso hace que se le dedique menos tiempo a atender aspectos autorreferenciales (preocupaciones, rumiación, etc.), egocentrismo, egoísmo, etcétera. Desde este funcionamiento, se ve al diálogo interno como una construcción o una historia que la propia mente crea, en lugar de como algo «real». Puede tener un componente de rasgo (temperamental) y un componente de estado. El primero se refiere a la tendencia a vivir o experimentar esta visión del self. Si tenemos en cuenta que uno de los modelos más importantes de personalidad es el llamado «los cinco grandes» –extraversión, neuroticismo, cordialidad, apertura a la experiencia y responsabilidad–,[33] se ha llegado a plantear incluso que este factor de ego-descentramiento podría ser el sexto factor de personalidad.[34] El segundo se refiere a un estado mental al que se puede llegar a partir de una serie de prácticas, y obviamente una mayor disposición facilita llegar a ese estado. Por ejemplo, a través de la meditación y de seguir una serie de instrucciones podemos llegar a experimentar la no sustancialidad de este self-como-objeto. En el capítulo 5 lo identificamos como el mecanismo de la transformación en la percepción del yo, dentro de los mecanismos de eficacia del mindfulness. Aunque, en realidad, no solo desde la meditación podemos lograr estas experiencias, también lo podemos percibir viendo paisajes asombrosos, reconociendo la autotrascendencia, o viviendo momentos de alto impacto emocional, etcétera. En relación con este punto, se ha investigado el llamado «efecto de perspectiva», que es el que sienten los astronautas al ver la Tierra desde la distancia, y que describen como una experiencia profundamente transformadora en cuanto a la percepción del self. También, la experiencia de asombro frente a un paisaje majestuoso, que nos lleva a experimentar un «empequeñecimiento del ego».

Modelo de felicidad ego-centrado/desprendido

Otro modelo centrado en el ego, que ha tratado de profundizar sobre la relación con la felicidad, es el que han desarrollado Michaël Dambrun (Universidad de Clermont, Francia) y Matthieu Ricard (doctor en biología molecular por el Instituto Pasteur y monje budista). Un modelo de bienestar en el que toman como referencia el self y lo denominan modelo de felicidad ego-centrado/desprendido, similar a lo que para nosotros sería el corazón de la psicología positiva contemplativa.[35]

Básicamente, estos autores describen dos formas de entender la relación con el self que afectarían a la felicidad a partir de dos modos de funcionamiento psicológico: el funcionamiento psicológico centrado en el self o egocéntrico (*self-centeredness*) y el funcionamiento psicológico no centrado en el self o ego-desprendido (*selflessness*).

El primer camino lleva a tener una felicidad de tipo fluctuante, mientras que el segundo camino nos llevaría a una felicidad auténtica y duradera. Estos dos caminos entran constantemente en conflicto en la mente de cada sujeto, es decir, implican una dicotomía en la que basándose en fenómenos multifactoriales, se toma, en cada momento, una opción por uno u otro.

El funcionamiento psicológico centrado en el ego (*self-centeredness*) tendría tres ingredientes básicos: un sesgo autocentrado (el self toma una importancia central), una importancia exagerada al self (sentir que lo que le pasa a uno es más importante que lo que le pasa al resto) y, finalmente, un funcionamiento hedónico. Los sujetos que poseen un exceso de este funcionamiento suelen estar motivados casi exclusivamente por obtener placer (por ejemplo, mediante conductas de aproximación) y por evitar el dolor o displacer. Basándose en objetivos (obtener gratificación y evitar estímulos desagradables) se va generando el sentimiento de placer, alegría y satisfacción, aunque siempre tiene un carácter transitorio. Este tipo de funcionamiento sería la causa del egoísmo, del egocentrismo, etcétera. Los placeres basados en estímulos y buscados de este modo se ven afectados por la aparición o desaparición de ciertos sucesos externos; por lo tanto, la imposibilidad de obtener esos objetivos puede generar emociones difíciles, como la frustración, la ira, la hostilidad o la envidia. Este modo de funcionamiento nos puede llevar a una felicidad de tipo fluctuante, guiada por momentos de alto bienestar, seguidos de bajo bienestar, y profundamente determinada por el contexto, ya que se tienen que dar las condiciones idóneas para que aparezca.

En un plano más global, es posible que detrás de este planteamiento vital se esconda la filosofía implícita de la sociedad de consumo, en la que nos hallamos inmersos: el hedonismo ilustrado. El objetivo sería obtener el mayor placer posible y el menor sufrimiento. Una especie de tendencia a la acumulación de bienes de consumo y de experiencias vitales positivas y excitantes, eso sí, viviendo de acuerdo con las normas dictadas por la sociedad y conociendo que ciertos placeres pueden tener efectos nocivos a largo plazo.[36]

En el funcionamiento psicológico no centrado en el ego, ego-desprendido (*selflessness*) o hipoegoico, se le da muy poca importancia al self y está profundamente conectado con aspectos como el altruismo o la compasión. En este modelo, el sujeto se adapta perfectamente al ambiente. Al no estar centrado en el self, existe una distinción débil entre el yo y los otros, y entre el yo y el entorno (social o natural) como un todo, y le acompaña una sensación de inter-ser y de conexión. Se le relaciona con la autotrascendencia y con el proceso de tomar conciencia de las cosas tal y como son, sin hacer grandes distorsiones biológicas o sociales. Existen dos elementos que median entre este modo del self y la felicidad duradera: a) la estabilidad emocional, y b) el sentimiento de estar en armonía. El principio de armonía guía las diferentes actividades psicológicas de esta función (como son las conativas, motivacionales, atencionales, cognitivas, conductuales, etc.). Se distingue entre tres tipos de armonía: con uno mismo, interpersonal y con el mundo. Esta manera de experimentar el self (self-como-sujeto) se correlaciona positivamente con el bienestar subjetivo, las emociones positivas y la reducción del estrés psicológico.

Este funcionamiento nos llevaría a tener una felicidad auténtica y duradera, entendida como una manera óptima de ser, un estado de plenitud estable que subyace en cada experiencia, emoción y comportamiento, permitiéndonos abrazar toda la alegría y el dolor que la vida nos da. Estados como plenitud, gozo, paz, serenidad son algunos de los marcadores. Es una felicidad que no depende del contexto, por lo tanto, no requiere de factores externos para desarrollarse.

A partir de este planteamiento, surgen varias cuestiones que nos interpelan: la más importante implica que cada acción o intención volitiva supone una decisión en una u otra dirección. En cada momento, en cada situación, tomamos partido por un tipo de funcionamiento psicológico basado en el self. Por lo tanto, a la hora de aumentar el nivel de autoconciencia en el día a día, una pregunta muy valiosa podría ser: ¿cómo experimentas cada momento, de manera centrada en el yo o descentrada del yo?

Otros modelos de bienestar basados en las ciencias contemplativas

Los profesores Hidehumi Hitokoto y Yukiko Uchida de la Universidad de Kyoto en Japón critican que las definiciones que se manejan sobre el bienestar tienen una fuerte tradición occidental, y que sobre todo están muy influidas por la forma de vivir y pensar de Estados Unidos.[37] Ellos proponen un concepto fascinante llamado *felicidad interdependiente*, que plantea un aspecto clave en la concepción del self. En las sociedades occidentales, existe un concepto de self como algo independiente y conceptualmente distinto de los otros y que es agente de pensamientos, acciones y motivaciones. En cambio, en el pensamiento oriental se tiene una definición de self mucho más interdependiente, pues la felicidad depende en gran medida de la conexión con los otros. Por felicidad interdependiente se entiende «la evaluación global y subjetiva de en qué medida estamos en armonía interpersonal con los otros, teniendo un estado de tranquilidad y cotidianeidad, conectado con una forma colectiva de estar bien». Por lo tanto, la felicidad de uno mismo es contingente con la de los otros significativos, cuya felicidad afecta a la nuestra. Como se puede ver, es una definición emocional, más que cognitiva o evaluativa. Además, concuerda con las definiciones laicas de felicidad, en las que suele estar entre las primeras posiciones, como razón para el bienestar, el hecho de tener relaciones sanas con nuestros seres significativos.

Asimismo, mientras que, en la sociedad occidental, el bienestar psicológico tiene una tendencia a ser visto como un estado activado de alto arousal (estado fisiológico del organismo en vigilia) con predominio de emociones de tipo entusiasmo o alegría, en las culturas orientales se asocia mucho más a estados de bajo arousal, como quietud y serenidad, o incluso se vincula con emociones negativas.[10] En efecto, este sesgo afecta incluso a los instrumentos típicos que se utilizan en psicología positiva para evaluar el afecto positivo, donde hay una clara infrarrepresentación de los estados positivos de bajo arousal. Por ejemplo, en el instrumento PANAS (Positive and Negative Affect Scale), la escala más utilizada para medir el afecto positivo, solo está representado por el estado «tranquilidad» o «atención».

En este sentido, en una investigación se plantearon una serie de preguntas muy interesantes: ¿tiene el bienestar lado oscuro?, ¿puede llegar a ser malo tener demasiado?, ¿existen momentos en los que no está bien sentirse bien?, ¿existen formas erróneas de lograr el bienestar?, ¿existen formas equivocadas de ser feliz? La hipótesis fundamental es que los niveles elevados de bienestar no tienen efectos beneficiosos añadidos e incluso podrían tener efectos negativos. Las personas con elevados niveles de emociones positivas (ratio 5>1) muestran menor flexibilidad psicológica, dificultades en la creatividad, pueden aumentar sus conductas de riesgo o descuidarse ante los peligros.[38]

Por otra parte, como también hemos planteado, las emociones surgen como un proceso adaptativo al ambiente y, por esta razón, las emociones negativas son fundamentales. Una forma autoexigente de desear la felicidad traerá consecuencias negativas, pudiendo caer en procesos de agotamiento del ego. Por ejemplo, se ha visto que tras una tarea cognitiva agotadora es más probable que tengamos menos autocontrol frente a un estímulo, ya que tenemos recursos limitados, que debemos aprender a gestionar. Según nuestro punto de vista, estos resultados nos están indicando que el modelo que proponen Dambrun y Ricard es muy interesante, pues estos estudios hablan de felicidad hedónica y, por consiguiente, fluctuante y centrada en la satisfacción inmediata y no en una vida guiada por acciones virtuosas.

Aumentar el bienestar según las ciencias contemplativas: la meditación

Una de las herramientas fundamentales para la comprensión de esta forma de entender el ego es el aumento del bienestar y el entrenamiento de la autoconciencia, y una de las herramientas estrella para su desarrollo es la meditación. Se entiende por meditación, una «familia compleja de entrenamientos atencionales y emocionales desarrollados para lograr diferentes objetivos, incluidos el cultivo del bienestar y el equilibrio emocional».[38] Se trata de un conjunto de ejercicios en los que un individuo lleva la atención o la capacidad de darse cuenta a un solo objeto, concepto, sonido, imagen o experiencia, con la intención de lograr mayor comprensión (*insight*) espiritual, experiencial y existencial, o para conseguir una mejora en el bienestar psicológico.[39] Otra definición interesante es la que nos dan Roger Walsh y Shauna Shapiro,[40] quienes entienden la meditación como una familia de prácticas de autorregulación, que se centran en el entrenamiento de la atención y en la capacidad de darse cuenta, para lograr que los procesos mentales estén más controlados, generando un mayor bienestar y el desarrollo de capacidades específicas como la calma, la claridad o la concentración.

Los autores Dhal, Lutz y Davidson plantean una estructura de división de todas las prácticas meditativas en tres grandes familias:[41]

- La familia de las prácticas atencionales: se trata de las técnicas que capacitan para una serie de procesos relacionados con la regulación de la atención. Estos incluyen las capacidades para manipular la orientación y la apertura, para monitorear, detectar y retirarse de distractores y para reorientar la atención hacia un objeto elegido. Se dividen en tres: las técnicas de focalización atencional (*mantras*, contar respiraciones, etc.); las técnicas orientadas al objeto (*mindfulness-based stress reduction, MBSR*), los componentes del mindfulness de la terapia dialéctica-comportamental, la terapia de aceptación y compromiso y la terapia cognitiva basada en el mindfulness (MBCT), la conciencia sin elección (de la tradición del budismo tibetano), y las técnicas orientadas al sujeto (permanencia en *shamatta* / calma sin soporte).

- La familia de las prácticas constructivas: esta familia incluye una serie de prácticas de meditación destinadas a fortalecer los patrones psicológicos que fomentan el bienestar. Se dividen en tres: las orientadas a la relación (amor bondadoso, *cognitive-based compassion training* [CBCT], etc.); las orientadas a valores (contemplación de la propia mortalidad, terapia del bienestar, las seis *pāramitās*, etc.), y las de orientación a la percepción.

- La familia de las prácticas deconstructivas: se refiere a las que tienen como objetivo deshacer patrones cognitivos maladaptativos, mediante la exploración de la dinámica de la percepción, la emoción y la cognición, así como la generación de conocimientos sobre uno mismo, los demás y el mundo. Se dividen en tres tipos: las del *insight* orientado al objeto (componente cognitivo de MBCT, *vipassana*, meditaciones analíticas, o práctica del *koan* de la tradición Zen); *insight* orientado al sujeto (componentes de la terapia cognitivo-conductual, meditación analítica, *mahamudra* y *dzogchen*), y finalmente el *insight* orientado a la no dualidad (*mahamudra*, *dzogchen*, *advaita vedanta*, etc.).

Por otro lado, en la tradición tibetana, la palabra que reconocemos como meditación no existe. Se utiliza la palabra *gom* que quiere decir «familiarización», pero... ¿familiarización con qué? Pues con estados virtuosos de la mente. Se trata de practicar estos estados virtuosos de la mente (compasión, generosidad, sabiduría, etc.) de forma sistemática y volver a ellos una y otra vez, experimentándolos hasta que se conviertan en un hábito y surjan sin esfuerzo (parte de nuestra naturaleza). Tal y como indicábamos al inicio de este libro, el mindfulness supone solo una pequeña parte del potencial que atesoran las prácticas contemplativas.

Los cuatro constituyentes del bienestar: un modelo integrador basado en prácticas contemplativas

Los modelos teóricos no deben quedar en una abstracción sin más, pues tenemos el riesgo de convertir el bienestar en un objetivo impreciso, irreal, y por lo tanto no implementable. La clave es responder a la pregunta ¿se puede implementar un proceso que incremente los niveles de bienestar? Nuestra hipótesis es que el bienestar no es una entidad que exista por sí misma, tal y como reivindica Ken Sheldon, sino que la entendemos como un subproducto y, por consiguiente, solo podemos trabajar sus causas y sus consecuencias. ¿Cómo se trabajan? A través de las habilidades psicológicas básicas que intervienen en estas causas y consecuencias.

Pongamos el ejemplo de alguien que toca el violín todos los días dos horas, es decir, entrena la habilidad del solfeo, más el movimiento de los dedos, más la gestión del arco, etc. Todo eso le llevará a lograr que el violín suene de forma armónica, pero en realidad no es él el que hace la música, sino que se genera como la consecuencia de una serie de acciones determinadas, sustentadas por habilidades que hay que entrenar (movimientos y posturas), conocimientos (solfeo) y actitudes (el deseo de crear algo). En la misma forma, se puede entender que el bienestar sea la consecuencia del uso de determinadas habilidades. Esta es la propuesta de Richard J. Davidson, profesor en la Universidad de Madison (Wisconsin, EE. UU.) y director del Center for Healthy Minds (Centro para mentes sanas) y uno de los autores más importantes dentro del ámbito de las ciencias contemplativas. Aunque está considerado un gran divulgador tanto de las tradiciones contemplativas como de la ciencia psicológica más actual, Davidson ha cimentado una carrera de mucho prestigio, investigando el efecto de la meditación en el cerebro.

En el año 2015, publicó un capítulo llamado la «Neurociencia de la felicidad», en el *World happiness report*, un informe anual publicado por Naciones Unidas que explora el estado de la felicidad en el mundo.[42] En esos informes, expertos de diferentes áreas, como economía, psicología o sociología, defienden que el bienestar puede ser utilizado para medir el progreso de los estados. Uno de sus editores, Richard Layar, es un famoso economista de la London School of Economics y lideró uno de los proyectos más ambiciosos en el área de la salud mental en Europa, el llamado proyecto IAPT (Mejorando el acceso a las terapias psicológicas), en el que sostiene que lo más rentable

para salvar el sistema sanitario en el área de la salud mental
es aumentar el número de psicólogos en el sistema sanitario.

En ese capítulo, el profesor Davidson presenta lo que llama
los cuatro constituyentes del bienestar psicológico o habilidades básicas que predicen niveles altos de bienestar:

- *Atención (mindfulness)*
- *Capacidad de alargar las emociones positivas*
- *Resiliencia o regulación rápida de emociones negativas*
- *Generosidad y conducta prosocial*

Junto a estas cuatro propuestas de Davidson, en el programa
EBC también introducimos un quinto proceso, que nos parece
fundamental para comprender la mente humana: la perspectiva
multidimensional del self. Este quinto constituyente lo recoge-
mos del proyecto *ReSource* de la neurocientífica Tania Singer[43]
y del modelo de McConnell[44] sobre los múltiples self, también
de toda la literatura psicológica previa, basada en el estudio de
las subpersonalidades o las partes internas de la mente, como
el modelo psicoterapéutico de los Sistemas de Familia Interna
de Schwartz.[45] Los capítulos 5, 6, 7, 8 y 9 los destinamos a
profundizar en estos cinco constituyentes (véase la figura 2.3).

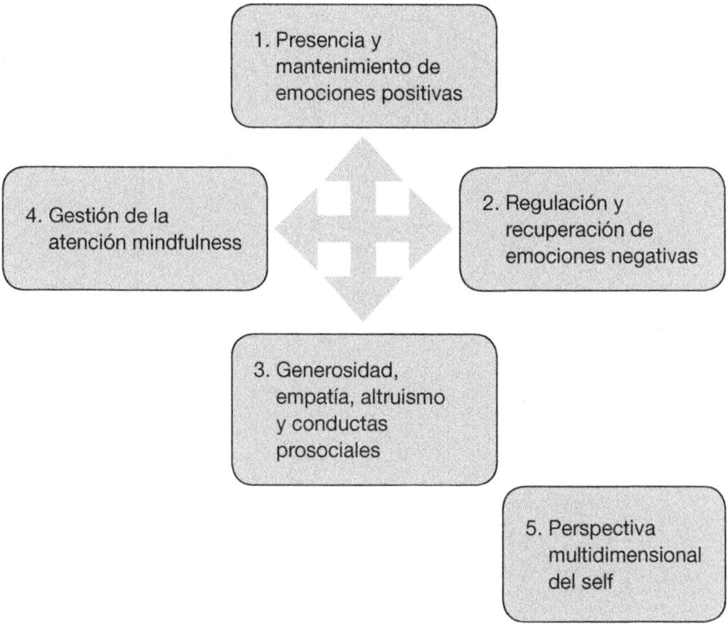

Figura 2.3. Mapa conceptual de los cinco constituyentes que se trabajan en el programa EBC

3. El cultivo de la virtud como eje del bienestar

Mendicantes, un agricultor tiene tres tareas urgentes. ¿Cuáles? Arar el campo enseguida, plantar las semillas enseguida y regar y drenar el agua enseguida. Estas son sus tres tareas urgentes. Ahora bien, este agricultor no tiene la facultad o el poder de ordenar: «¡Que el grano salga hoy, que crezca mañana, que madure pasado mañana!», sino que, con el cambio de las estaciones, cuando es el momento, su grano sale, crece y madura.

De la misma forma, un mendicante tiene tres tareas urgentes. ¿Cuáles? Practicar para mejorar la virtud, practicar para mejorar la mente y practicar para mejorar la comprensión. Estas son sus tres tareas urgentes. Ahora bien, un mendicante no tiene la facultad o el poder de ordenar: «¡Que mi mente, debido a no aferrarse, se libere de contaminantes hoy o mañana o pasado mañana!», sino que, al practicar para mejorar la virtud, la mente y la comprensión, cuando es el momento, su mente se libera de contaminantes debido a no aferrarse.

Por lo tanto, mendicantes, debéis practicar así: «Nuestro deseo de mejorar la virtud, de mejorar la mente y de mejorar la comprensión será intenso». Así es como debéis practicar.

ACCĀYIKA SUTTA (AN 3.92)

(Proveniente del blog Budismo Secular)

La virtud

Cuando se señalan las virtudes, no resulta fácil saber de lo que se está hablando, por ello dedicaremos un pequeño espacio a definir lo que entendemos como virtud y una acción virtuosa. El psicólogo social y creador de la teoría de los valores básicos humanos, Shalom Schwartz,[1] sugiere que los valores funcionan como motivaciones latentes y, en uno de sus textos, plantea una situación interesante. Imaginemos que estamos invitados a una boda y que la novia, una amiga de toda la vida, lleva un vestido poco favorecedor. Al verte, ella pregunta: ¿cómo me queda el vestido?, y tú… ¿qué le responderías? Piénsalo con detenimiento. Las dos opciones clásicas para dar una respuesta a situaciones de este tipo son: contestar con honestidad dando tu punto de vista sobre el vestido, o hacerlo con amabilidad, señalando que le queda estupendo, ocultando tu verdadera opinión. Ambas opciones, actuar con honestidad y hacerlo con amabilidad, se consideran virtudes, aunque, evidentemente, no deriven en el mismo resultado.

Entraríamos en un debate interesante y profundo sobre lo que supone ser un buen amigo, y si un buen amigo dice siempre la verdad, o si es más importante ser amable que honesto en situaciones especiales. Schwartz y Shape proponen el concepto aristotélico de «sabiduría práctica» para ofrecer las alternativas de conducta más adecuadas y virtuosas a cada situación.[2] La «sabiduría práctica» supone la habilidad de a) percibir cada situación con precisión, b) sostener el estado emocional apropiado para ese momento, c) deliberar sobre posibles acciones, y d) elegir de manera razonada y razonable lo más cercano a la acción adecuada.[3] Esta situación es un dilema cotidiano y nuestra vida está repleta de ellos, pero ¿qué acción virtuosa llevar a cabo en cada situación? ¿Por qué es más virtuosa una respuesta honesta que una amable, o viceversa?

Con este ejemplo, queremos mostrar la complejidad de las acciones virtuosas, entendidas como habilidades psicológicas, y la importancia del aspecto contextual a la hora de analizar y entrenar cada virtud. Así, cada acción o cada conducta que lleves a cabo puede ser o no virtuosa, dependiendo del contexto sociocultural, del tipo de valores, etcétera. Sin embargo, la mayoría de las personas (a excepción de algunos trastornos de personalidad de base psicopática, antisocial o narcisista) sabemos de una manera relativamente certera cuándo estamos llevando a cabo una acción moralmente aceptable o no; es lo que algunos autores denominan como «hacer lo adecuado» (*doing the right thing*).[3]

Una cuestión que suele desdibujar lo que la mayoría entendemos por «hacer lo adecuado» se da cuando entran en juego diferentes factores y mecanismos de defensa, que nos llevan a que podamos justificar una conducta no ética. En la situación concreta de saltarnos un semáforo en rojo con el coche, que es algo que la mayoría de la sociedad reconoce que está mal, solemos ser mucho más benévolos y compasivos con nosotros mismos, buscando diferentes tipos de justificaciones a la acción no virtuosa («tenía prisa porque tengo que llevar a mi hijo al colegio» o «no era un semáforo peligroso, no pasa nadie a estas horas»…), que con los demás («¡será incívico, a quién se le ocurre saltarse un semáforo en rojo!» o «¡hay que ser inconsciente para pasarte un semáforo en rojo adrede!»).

Cuando se intenta definir las virtudes, se las presenta como cualidades humanas relacionadas con la excelencia y con la conducta moral, dignas de elogio y relativamente estables, conectándolas con la excelencia de las cualidades personales como la búsqueda de propósitos de la vida que merezcan la pena.[4] Otros autores definen las virtudes subrayando el aspecto moral, y entendiendo las virtudes como características personales moralmente buenas, que todo el mundo puede poseer o aprender.[5] En suma, las virtudes son características deseables de la personalidad que merece la pena detectar y aumentar mediante la práctica. A partir de estas definiciones, emergen dos cuestiones de interés: ¿cómo podemos aumentar nuestras virtudes?, ¿llevar a cabo acciones virtuosas nos hará tener mayor bienestar? La respuesta a ambas preguntas es la línea básica de trabajo sobre la que se estructura el programa EBC.

Las virtudes en las tradiciones de la sabiduría clásica

Nos basamos tanto en las virtudes de la filosofía clásica y de la tradición contemplativa budista, como en las virtudes extraídas de las investigaciones realizadas en la psicología científica en los últimos 20 años. Cada tradición contemplativa ha estructurado diferentes sistemas de clasificación de las virtudes, aunque muchas de ellas son comunes. En la tabla 3.1 se observa la clasificación de las cuatro virtudes cardinales estoicas, las seis *pāramitās* del budismo Mahayana, las diez *pāramitās* del budismo Theravada, así como las virtudes en la tradición cristiana católica.

Las cuatro virtudes cardinales estoicas[6]	Las seis *pāramitās* del budismo Mahayana[7]	Las diez *pāramitās* del budismo Theravada[8]	Virtudes en la tradición cristiana católica[9]
• Sabiduría práctica (prudencia) • Justicia (moralidad) • Coraje (fortaleza) • Templanza (moderación)	• Generosidad • Conducta (ética) • Paciencia • Entusiasmo o esfuerzo alegre • Concentración meditativa • Sabiduría	• Generosidad • Moralidad/ virtud • Renuncia • Energía/ esfuerzo • Paciencia • Sinceridad • Determinación/ resolución • Amor bondadoso • Ecuanimidad • Sabiduría/ discernimiento	Teologales • Fe • Esperanza • Caridad Cardinales • Prudencia • Justicia • Fortaleza • Templanza

Tabla 3.1. Clasificación de las virtudes en las principales tradiciones contemplativas

Las virtudes estoicas

El estoicismo es una escuela de filosofía griega y grecorromana, basada en la tradición socrática y fundada alrededor del 301 a.C. por Zenón de Citio. Sus figuras más influyentes a lo largo de la historia fueron Epicteto, el emperador Marco Aurelio y Séneca, los tres pertenecientes a la tercera, y última, etapa del estoicismo, también conocido como estoicismo imperial. Estos tres autores hicieron hincapié en la práctica, con un énfasis fundamental en el cultivo de la virtud. En realidad, el estoicismo se entendía y se sigue entendiendo como una filosofía de vida eminentemente práctica, una filosofía acerca de cómo vivir una buena vida. No es una filosofía profunda y poco práctica, subraya el pragmatismo y la aplicación de los conocimientos a la vida cotidiana. A lo largo de la historia han sido muchos los escritores y estadistas que, entre otras, se han basado en la filosofía estoica para gestionar las vicisitudes de la vida.

En la actualidad, existe un movimiento internacional denominado estoicismo moderno, que comenzó en la Universidad de Exeter, en el Reino Unido, en 2012. Está integrado por diferentes académicos y psicoterapeutas, con el objetivo principal de explorar las posibles aplicaciones de la filosofía estoica en nuestra sociedad. Desde la perspectiva académica, existen múltiples similitudes entre el budismo y el estoicismo, como la importancia de la virtud y de la vida ética, la atención a la muerte, la importancia de vivir el presente, o la idea de ofrecer estrategias para la gestión de las emociones difíciles.

La práctica de las cuatro virtudes cardinales es algo fundamental para un estoico, ya que deriva en una vida ética o en lo que los estoicos denominaban como «una vida acorde con la naturaleza». La vida virtuosa equivale a una vida feliz o, dicho de otro modo, la virtud es lo único que se necesita para asegurar la felicidad. Además, para los estoicos todos los seres humanos somos capaces de progresar hacia el estado de virtud y felicidad, si bien admitían que probablemente ningún ser humano lo había conseguido por completo. Asimismo, las diferentes virtudes no se pueden practicar de manera independiente, ya que no se puede tener la virtud del coraje sin poseer la virtud de la templanza, pues no reflejaría a una persona virtuosa. Tres principios definen el estoicismo: a) el único bien es el bien moral, b) toda acción humana se basa en el juicio (*krisis*), y c) la naturaleza es coherente consigo misma.[6]

Si nos ajustamos al primer principio, lo que hace que podamos ejecutar el bien moral es la práctica de las cuatro virtudes:

- Sabiduría práctica (prudencia)
- Justicia (moralidad)
- Coraje (fortaleza)
- Templanza (moderación)

La sabiduría práctica (*phronêsis*), tal y como propuso Aristóteles, es la virtud a la que más importancia se le da y la más general de todas, ya que por sí misma puede producir la felicidad humana (eudaimonía). Si bien es una virtud compleja y cada autor la somete a revisión y análisis, una de sus claves es el conocimiento o discernimiento entre lo que es bueno y lo que es malo. Esta capacidad de discernir y conocer puede llevarnos directamente a la felicidad y, en consecuencia, nos genera una disposición para juzgar qué acciones llevar a cabo o no. Es todo lo contrario al vicio de la ignorancia, que en este caso sería el desconocimiento de lo que es bueno y lo que es malo.

Pongamos un ejemplo cotidiano: un padre grita y riñe a su hijo adolescente casi todas las noches porque no tiene su cuarto ordenado, y llevan así casi dos años en un ciclo interminable de gritos y reproches. Finalmente, tras una conversación con un amigo, el padre toma conciencia de que quizás gritar y reñir a su hijo casi a diario no es una acción buena (virtuosa), ya que está derivando en una mayor tensión en el ambiente familiar, un distanciamiento afectivo y, además, no es práctico porque su hijo no ha aprendido a tener el cuarto más ordenado; por ello, decide llevar a cabo una estrategia diferente con respecto a este problema. Con todos los matices y la multifactorialidad que pueda tener cada situación cotidiana, este podría ser un caso en el que se aplica la sabiduría práctica.

La justicia (*dikayosinê*) es lo que distribuye a cada persona lo que se merece, muy cercano a una igualdad social y moral idealmente equitativa. También, implica la obediencia a las leyes, tanto a las naturales (por ejemplo, la aceptación de lo que sucede en la vida) como a las humanas. Se basa en la comprensión de una justicia amplia y abarcadora, casi como una actitud maternal, mucho más allá de un discurso estrecho y limitante. El vicio contrario es la acción injusta y hacer el mal (de tipo moral) a otra persona. Para Marco Aurelio, la justicia era la virtud más importante y se puede entender como una especie de sabiduría moral, aplicada a nuestras acciones y conductas en relación con los otros y con la sociedad como un todo. En lo cotidiano, la virtud de la justicia nos mantiene centrados en lo que es bueno o malo, en cuanto a la distribución de los recursos, sean estos del tipo que sean. Por ejemplo, puede ser que un profesor de secundaria con una visión política de izquierdas le preste más atención al hijo de un obrero, por mera simpatía ideológica, que al hijo de un empresario acaudalado, o viceversa, puede ser que un profesor de secundaria conservador le preste más atención al hijo del empresario acaudalado que al hijo del obrero, por mera cercanía ideológica. En ambos casos, se llevaría a cabo una acción injusta, ya que la acción virtuosa supondría que el docente en cuestión prestase una atención ecuánime a cada alumno, o la atención que pedagógicamente requiriese cada uno.

La templanza (*sôphrosynê*) implica la moderación de los deseos y placeres que emergen en la mente humana. Cuando existe la virtud de la templanza, la armonía y la buena disciplina reinan en la persona. Posee dos vertientes: la relativa al autocontrol o la autodisciplina, y la relativa a la autoconciencia o al hecho de estar atento (*mindful*) a los deseos y al impacto que generan. Lo contrario es el vicio del desenfreno y el libertinaje, una necesidad compulsiva de saciar todos los deseos, vengan de donde vengan y tengan el impacto que tengan. El estoicismo se ha entendido muchas veces como una terapia de las pasiones, especialmente del miedo y la ira. La gestión de las emociones que proponían los estoicos se basaba en la virtud de la templanza y es una protoestrategia de lo que, en el siglo XX, derivó como reestructuración cognitiva integrada en la terapia cognitivo-conductual. Un ejemplo cotidiano de la aplicación de la virtud de la templanza en la gestión de la ira sería que si alguien nos hace un comentario despectivo, pudiéramos imaginar durante treinta segundos el impacto que tendría, en nosotros y en el otro, el comentario iracundo que le queremos devolver. Este sencillo acto o gesto atencional puede hacer que nuestra respuesta sea más funcional y menos violenta.

La virtud del coraje o fortaleza (*andreia*) supone una actitud de impasibilidad, autocontrol y calma ante situaciones terribles, duras y peligrosas. Esta virtud no necesita demasiada explicación, pues supone coraje ante retos y situaciones complicadas y se puede extender al dolor y a cualquier tipo de incomodidad. El vicio contrario es la cobardía. Esta virtud encaja perfectamente con la templanza y muchos autores hablan de la óptima gestión de las pasiones cuando existe moderación en los deseos y coraje ante los miedos. A menudo, se ha asociado a Epicteto con la frase «aguantar y renunciar», que implica el desarrollo de la virtud del coraje (aguantar) y el de la moderación o templanza (renunciar).

En realidad, el desarrollo de ambas virtudes no conlleva una visión triste de la vida, más bien es todo lo contrario, pues supone alcanzar lo que los estoicos denominaron *apatheia,* que significa tranquilidad mental y ecuanimidad ante las vicisitudes de la vida. En conclusión, si bien para un estoico clásico la virtud es un *pack* en el que están desarrolladas las cuatro virtudes cardinales, la ciencia psicológica actual ha realizado estudios transculturales, en los cuales se ha reflejado que estas cuatro virtudes (sabiduría, justicia, templanza y coraje) son sustanciales y positivamente valoradas en la gran mayoría de las culturas, algo que comprobaremos en el apartado destinado a la virtud y la psicología científica.[10]

La virtud en la tradición budista: la gran perfección o *pāramitā*

El budismo integra un conjunto de distintas escuelas en las que, a pesar de que tienen un cuerpo teórico común o *dharma*, existen grandes diferencias que hacen que se dividan en, al menos, dos grandes tradiciones. Por un lado, tenemos el budismo del sudeste asiático (Sri lanka, Tailandia, Burma, etc.), llamado budismo Theravada. Y por otro lado, tenemos otra gran familia, la del budismo Mahayana (Tibet, Japón, China etc.) que a su vez incluye dos caminos, el camino del *tantra* o *vajrayana* y el camino de la virtud o *pāramitāyana*. Este último resulta especialmente interesante, ya que plantea cómo una vida virtuosa puede llevar a la liberación total del sufrimiento. En la tradición budista, se conoce a la virtud con el nombre de *pāramitā* (en sánscrito). El término *pāramitā* o *pāramī* posee una doble etimología: por un lado, significa «perfección», y por otro, de una manera más creativa, suele tomar el significado de «que ha alcanzado la lejana orilla».[7]

La vía de la perfección es la que desarrolla el *bodhisatva*, aquel que aspira a la liberación del sufrimiento, pero que renuncia a ella para liberar a todos los seres sintientes. Se trata de un ser que no solo busca la salvación individual, sino la colectiva. El ideal del *bodhisatva* es uno de los principios más importantes del budismo Mahayana, y al que aspira cualquier practicante de esta tradición. El *pāramitāyana* está fundamentado sobre una vida virtuosa y, por consiguiente, plantea su propia clasificación de las virtudes, sobre las que debe desarrollarse la vida de alguien que aspira a ser un *bodhisatva*. De acuerdo con el planteamiento del monje y académico theravada Bhikku Bodhi, las *pāramitās* son prácticas que deben ser realizadas por cualquier aspirante a la iluminación (*bodhisatva*). Aunque en el programa EBC no aspiramos a tanto, creemos que es una vía muy interesante para aumentar el bienestar y reducir el sufrimiento.

Para realizar esta clasificación, debemos comprender que para que las virtudes sean eficaces deben estar centradas en trascender el yo, o en ir más allá de la idea de que existe un yo inherente. En efecto, en el budismo tibetano se define *pāramitā* como «acción trascendente», aquella que se realiza de manera no egocéntrica, que trasciende el propio ego.[8] Esta definición nos resulta muy importante, porque entronca perfectamente con el modelo de felicidad que se utiliza en el modelo EBC, tal y como hemos especificado en el capítulo anterior.

Vamos a profundizar en las seis *pāramitās* de la tradición Mahayana, tal y como son explicadas en el texto del siglo XII *Iluminando el camino de sabio* de Sakya Pandita, uno de los cinco maestros fundadores de la escuela Sakya del budismo tibetano (una de las cuatro grandes sectas junto con la gelupa, kagyu y nyima).[7] De acuerdo con este texto, las *pāramitās* son una vía para alcanzar el *nirvana* o liberación del sufrimiento, y se dividen en seis, ordenadas temporalmente y coronadas por la sabiduría (*prajñā*), la más importante de todas:

- Generosidad [*dana*]: primer paso, y entendida como dar nuestras posesiones internas y externas a los demás con la intención de beneficiarlos. La clave es la actitud mental, es decir, no todos los actos de generosidad son virtuosos, solo aquellos que tienen como objetivo el deseo de alcanzar la iluminación. Solo cuando la generosidad es totalmente genuina es realmente positiva; si se espera alguna cosa a cambio, entonces, ya no es una virtud.
- Conducta [*sīla*]: se refiere al estado mental que anhela eliminar las acciones no virtuosas y que conecta con el deseo de abstenerse de acciones malvadas. Es un aspecto motivacional clave, ya que supone la base para la práctica de las siguientes *pāramitās*; es como preparar la tierra para el cultivo.
- Paciencia [*ksānti*]: esta virtud protege a las dos anteriores. Se refiere a «no permitir que la mente se agite debido a circunstancias desfavorables o por la ausencia de

las favorables». Es el antídoto para la ira y es la virtud que ayuda a gestionarla, porque permite superar las causas que la generan, producir un antídoto y soportar el sufrimiento.

- Entusiasmo o esfuerzo alegre [*vīrya*]: se trata del estado mental que se alegra de la virtud, que goza de llevar una vida virtuosa. Es el antídoto de la pereza, que precisamente fue situada por Buda como el obstáculo más grande de todos para realizar el camino del Dharma. Las tres anteriores no pueden sostenerse sin esta virtud.

- Concentración meditativa [*dhyāna*]: es muy curioso que aparezca la meditación, mejor dicho, el estado mental con el que se medita, como una virtud, pero en realidad tiene sentido, en la medida en que se entienda como el «estado mental que permanece totalmente enfocado en un único objeto virtuoso, tras haber pacificado los pensamientos discursivos». Su opuesto es la distracción continua, una mente agitada y distraída. Sin esta virtud, nunca podrá surgir la siguiente. La meditación nos ayuda a examinar constantemente nuestro estado mental, las auténticas motivaciones y ventajas que existen detrás de una vida virtuosa.

- Sabiduría [*prajñā*]: esta es la más importante de las *pāramitās*, aunque sin la práctica del resto no será suficiente. Se refiere a «la correcta realización de la verdadera naturaleza de los fenómenos». El opuesto es la ignorancia o la comprensión errónea.

La virtud en la psicología científica

Ya definimos la virtud anteriormente, ahora nos centraremos en cómo se las ha arreglado la ciencia psicológica en los últimos 20 años a fin de ofrecer una estructura de base empíricamente válida para comprenderla en el ser humano. Todos estos conocimientos milenarios son fundamentales para entender el movimiento del estudio de las virtudes en la psicología académica. El proyecto más ambicioso y completo en el estudio de las virtudes es el desarrollado por Christopher Peterson, de la Universidad de Michigan, y Martin Seligman, padre del movimiento de la psicología positiva, llamado el proyecto VIA (*Values in Action*). Posteriormente, nos ha parecido muy interesante incluir el modelo trifactorial de la virtud de McGrath, y también una propuesta desarrollada en España, el análisis psicoléxico de las virtudes.

Proyecto VIA (*Values in Action*)[10]	Modelo trifactorial de la virtud[11]	Análisis psicoléxico[4]
Sabiduría	Cuidado	Seguridad en uno
Coraje	Indagación	mismo
Humanidad	Autocontrol	Rectitud
Justicia		Compasión
Templanza		Sociabilidad
Trascendencia		Reflexión
		Perseverancia/esfuerzo
		Serenidad

Tabla 3.2. Virtudes basadas en la psicología científica

Si bien existen múltiples listados, tablas y clasificaciones acerca de las virtudes humanas a lo largo de la historia, hasta que se publicó la obra colosal de Peterson y Seligman *Character Strengths and Virtues* (*Fortalezas y virtudes del carácter*) no se habían realizado acercamientos transculturales basados en la literatura científica, conceptualmente complejos, y pensados para poder dirigirlos a la psicología o a la educación aplicada.[10] Fue un trabajo intensivo que duró tres años y que implicó a 53 científicos, que trataron de desmontar el concepto tradicional de carácter, para alejarse de la concepción tradicional en psicología, que lo entiende como categorial y unitario, es decir, que se tiene o no se tiene.

Estos autores llegaron a la conclusión de que existe, a través de las diferentes épocas y culturas de la humanidad, una convergencia en lo referente a las virtudes y a lo que se considera bueno para el ser humano. Las virtudes conllevan o predisponen a la buena vida, al bienestar psicológico, a la salud mental, a la madurez psicosocial o a la autorrealización.[12] Son la esencia del buen carácter, es decir, una familia de rasgos positivos, que se manifiestan a través de pensamientos, sentimientos y acciones, medibles, susceptibles de cambiar, y sujetos a factores contextuales.

Para realizar este estudio, examinaron rasgos moralmente positivos o valorados en tradiciones filosóficas y religiosas de China (confucianismo y taoísmo), Occidente (filosofía griega, judaísmo, cristianismo e islam) y Sur de Asia (budismo e hinduismo). Tras años de investigación, los autores se encontraron con decenas de posibles candidatas a la categoría de virtud, así que para que una fuera integrada en el modelo, tenía que tener una serie de características, y desarrollaron una serie de normas que debían cumplir:

a) ser ubicuas, es decir, ampliamente reconocidas por todas las culturas;
b) contribuir a la plenitud personal, estimulando aspectos positivos y no solo minimizando los negativos;
c) tener un valor moral por sí mismas, aunque el hecho de poseerlas no implique un beneficio obvio;
d) no perjudicar o empequeñecer a otros;
e) tener un opuesto (por ejemplo, valentía/cobardía);
f) ser estables en el tiempo;
g) medibles;
h) estar claramente delimitadas unas con otras sin ser redundantes;
i) conocerse casos paradigmáticos de personas que supongan ese prototipo;
j) que existan personas que la muestren precozmente;
k) que haya casos de personas que carezcan de esta virtud, y
l) que puedan ser aplicables a instituciones u organizaciones.[13]

Tras un exhaustivo análisis, y la aplicación de los criterios expuestos, los autores concluyeron que las virtudes nucleares en la mayoría de las culturas o religiones estudiadas se podían reducir a seis: sabiduría, coraje, humanidad, justicia, templanza, y trascendencia. De esta clasificación, emergieron 24 fortalezas del carácter. (En el capítulo 6 citaremos estas fortalezas y detallaremos cómo aplicarlas en el programa EBC).

Veamos ahora cómo se definen estas virtudes. Tal y como hemos comentado más arriba, si bien cuatro coinciden con las virtudes estoicas, la definición que se propone en ciencia no es del todo similar, ya que está basada en fortalezas que puedan hacerlas operativas. Esta clasificación ha sido de gran utilidad para poder sostener múltiples investigaciones e intervenciones en ámbitos clínicos, educativos y organizacionales. No obstante, el origen o el comienzo de este planteamiento es estrictamente teórico ya que es un esquema conceptual derivado de una revisión de diferentes tradiciones de sabiduría.

La sabiduría engloba fortalezas cognitivas que implican la adquisición y la utilización del conocimiento. El coraje integra fortalezas de predominio emocional, que necesitan el desarrollo de la voluntad para lograr metas, más allá de los obstáculos internos o externos. La virtud de la humanidad conlleva fortalezas que comprenden cuidar, proteger y ofrecer cariño al otro. La justicia incluye fortalezas de base cívica, que implican una vida comunitaria funcional y saludable. La virtud de la templanza la sostienen fortalezas que nos protegen de los excesos, tanto afectivos como conductuales. Y la trascendencia integra fortalezas que forjan una conexión con elementos que van más allá de nosotros y que conllevan un mayor sentido en la vida.

Peterson y Selgiman desarrollaron un cuestionario de 240 ítems, subdividido en 24 factores (fortalezas). Cuando se ha intentado analizar desde una perspectiva psicométrica y estadística esta clasificación de 6 virtudes y 24 fortalezas, hay autores que dicen que este modelo en muchas ocasiones no se sustenta. Esto no implica que pedagógicamente no sea útil, pero nos indica que quizá se puede ajustar y simplificar la clasificación de las virtudes. McGrath y su equipo lo llevaron a cabo y encontraron que un modelo trifactorial de la virtud era más exacto, es decir, que las 24 fortalezas se adaptaban mejor a 3 virtudes concretas, que a las 6 que habían propuesto Peterson y Seligman. Desde una perspectiva estadística, las 3 virtudes (factores) que propuso McGrath se definieron como: cuidar (*caring*), indagar (*inquisitiveness*) y autocontrol (*self-control*).[11, 14]

Tanto en la filosofía clásica como en la filosofía y psicología actual, han sido numerosos los autores que han propuesto un modelo teórico-conceptual trifactorial de las virtudes, basado en un gran grupo de virtudes destinado a ofrecer apoyo, cariño, calidez, cercanía empática y compasión al otro. El otro grupo de virtudes está más orientado a los aspectos epistemológicos, de conocimiento intelectual y cierta flexibilidad cognitiva. Un tercer grupo engloba las virtudes relativas a la diligencia y a la persistencia mediante la gestión de la conducta.

Otros abordajes más divulgativos, llevados a cabo en la mayoría de las culturas mediante la literatura popular, también sostienen esta propuesta trifactorial de la virtud humana. Las propuestas educativas para el aprendizaje de habilidades sociales y emocionales hablan constantemente de «cabeza, corazón y manos» (pensar, sentir y hacer) como símbolo prototípico de las virtudes intelectuales, interpersonales e intrapersonales que sostienen, respectivamente. Con respecto a la educación del carácter moral, también se han realizado fórmulas parecidas, sugiriendo que el buen carácter lo forma la conciencia moral de conocer lo que es bueno, amar lo que es bueno, y hacer lo que es bueno. El propio McGrath plantea estas virtudes tomando como referencia *El mago de Oz,* en el que el espantapájaros busca un cerebro, el hombre de hojalata, un corazón, y el león cobarde necesita coraje y valentía.

En otro orden, y si bien no es tan conocida como las anteriores clasificaciones, nos parece un gran trabajo, y a la vez resulta de suma utilidad, la clasificación presentada por Morales-Vives, en la que se ha propuesto un abordaje psicoléxico para identificar virtudes en el idioma español. Llegaron a la conclusión, mediante complejos análisis estadísticos, de que existían siete factores o familias de virtudes a partir del análisis del léxico existente.[4] Conviene subrayar que, cuando se han realizado estudios psicoléxicos similares en otros idiomas (por ejemplo en alemán), los factores que emergieron fueron algo diferentes. Los siete factores en el idioma español:

- Autoconfianza: este factor incluye virtudes como el vigor, el coraje y el ser resolutivo.
- Rectitud: este factor se refiere a la seriedad y la conducta apropiada.
- Compasión: hace referencia a la bondad y al altruismo.

- Sociabilidad: se refiere a descriptores centrados en las relaciones sociales y los sentimientos como el amor, el cariño y la camaradería.
- Reflexión: este factor incluye el hecho de ser lúcido y crítico.
- Perseverancia y esfuerzo: este factor integra la diligencia y la laboriosidad.
- Serenidad: se refiere a la serenidad y tranquilidad.

Cada factor o familia de virtudes incluye varios descriptores que señalan cualidades humanas deseables. Exponemos la tabla 3.3 de descriptores que resulta de gran utilidad para mejorar el léxico relativo a las virtudes, y para ayudar a la persona a afinar más con respecto a la virtud que intenta detectar en sí misma o en el otro, o que quiere entrenar para desarrollarla.

El hecho de conocer nuestras propias virtudes, detectarlas en uno mismo y en los otros y desarrollarlas es una estrategia fundamental, tanto en el desarrollo personal, como en el ámbito clínico, educativo y organizacional. Actualmente, la evidencia que sostiene esta hipótesis es bastante concluyente. En lo que resta del libro, tratamos de proponer el programa EBC: gran parte de este entrenamiento está sustentado en enseñar el cultivo de una vida más virtuosa.

Autoconfianza	Rectitud	Compasión	Sociabilidad	Reflexión	Perseverancia y esfuerzo	Serenidad
Empuje	Seriedad	Generosidad	Ser agradable	Coherencia	Persistencia	Calma
Vigor	Decencia	Desprendimiento	Simpatía	Ser	Esfuerzo	Tranquilidad
Valentía	Formalidad	Benevolencia	Ser cariñoso	congruente	Perseverancia	Ser pacífico
Fortaleza	Tener buenos	Ser caritativo	Alegría	Franqueza	Ser trabajador	Paciencia
Ingenio	modales	Clemencia	Amor	Honestidad	Compromiso	Serenidad
Destreza	Ser disciplinado	Misericordia	Ser acogedor	Ser autocrítico	Ser luchador	Cautela
Perspicacia	Moderación	Ser humanitario	Ternura	Sensatez	Esmero	Ser equilibrado
Talento	Ser cuidadoso	Ayudar a otras	Ser	Ser justo	Sacrificio	Autocontrol
Originalidad	Rectitud	personas	comunicativo	Ser juicioso	Ser	Aceptación
Creatividad	Cortesía	Bondad	Compañerismo	Lucidez	responsable	(Aprobación
Seguridad en	Prudencia	Compasión	Sensibilidad	Ser razonable	Madurez	o tolerancia
uno mismo	Nobleza	Gratitud	Amabilidad	Autonomía	Firmeza	de alguien o
Optimismo	Dignidad	Hacer el bien	Sencillez	Ser crítico	Tesón	algo)
Ser	Fidelidad	Solidaridad	Sinceridad	Independencia		
emprendedor	Orden	Hospitalidad	Escuchar	Curiosidad		
Carisma	Comportarse	Humildad	Confianza			
Imaginación	de forma	Tolerancia				
Encanto	apropiada					
	Normalidad					
	Comportarse					
	con					
	corrección					

Tabla 3.3. Descriptores en cada grupo de virtudes humanas en el idioma español (adaptado de Morales-Vives)[4]

4. Entrenamiento en bienestar basado en prácticas contemplativas (EBC)

Sigue tus sueños. Descubre dónde te gustaría estar, qué te gustaría estar haciendo y luego averigua qué necesitas hacer para llegar allí.

KEN M. SHELDON

Un paso más allá de los entrenamientos en mindfulness y psicología positiva

En sus inicios, el movimiento de la psicología positiva ha estado ocupado en subrayar los aspectos más saludables y óptimos de las personas y de sus comunidades, centrándose en el estudio científico del crecimiento humano y de su excelente funcionamiento. Una vez transcurrida esta etapa, se abre en la actualidad un escenario más complejo, en el que se busca dilucidar de una manera más profunda el papel que juegan la emociones positivas y negativas en el bienestar, y el cariz dialéctico y complejo de la naturaleza de ese bienestar (por ejemplo, cuando una persona señala que una depresión ha supuesto una bendición, debido a los cambios que ha generado en su vida; o cuando una persona señala que una separación matrimonial le ha supuesto una auténtica liberación, con la que ha aumentado su bienestar subjetivo y su calidad de vida).[1] En un estudio longitudinal de 10 años de duración, se evaluó el impacto de la presencia combinada de emociones positivas y negativas, encontrando sus autores que la concurrencia de estas emociones era lo que mejor predecía un buen estado de salud, y no una mayor tendencia a tener emociones positivas.[2]

En esta segunda oleada de la psicología positiva, se integran y vertebran los conceptos y áreas de estudio en los que se ha basado y, a la vez, se va más allá de una comprensión simple y naif del concepto «positivo», al profundizar en factores filosóficos y empíricos apoyados en conceptualizaciones dialécticas, no estudiadas con exhaustividad hasta la fecha en el ámbito del bienestar psicológico. Desde presupuestos hegelianos, fundamentados en el proceso tesis-antítesis-síntesis, se proponen varias dialécticas en las que habría que analizar la forma que toma el bienestar, y en última instancia la felicidad. Esta naturaleza dialéctica se plantea a través de cinco dicotomías principales: optimismo-pesimismo, autoestima-humildad, libertad-restricción, perdón- ira, y felicidad- tristeza.

Si existe una dialéctica entre lo positivo y lo negativo, en la que lo negativo puede ser positivo y lo positivo puede ser negativo, se pueden hacer algunas preguntas razonables: ¿qué debe determinar la conducta?, o ¿existen aspectos conductuales más relacionados con la virtud humana que trascienden la dialéctica positivo/negativo? Todo ello implica cierta complejidad y profundidad de análisis, ya que entramos en planteamientos filosóficos y éticos que no se deberían minimizar y que la psicología positiva debería tener en cuenta.

En el ámbito del mindfulness, sucede algo parecido, porque después de más de una década de una constante avalancha mediática y académica relacionada con estas intervenciones, algunos autores señalan que hay aspectos clave que se han dejado de lado, o al menos minimizado, en la revisión secular y occidental del mindfulness, que deberían retomarse: el aspecto ético y el aspecto espiritual.[3] A este movimiento de revisión se le ha llamado la segunda generación de intervenciones basadas en el mindfulness; allí se encuentran todos los entrenamientos a partir de la compasión.

Cuando se habla de aspectos éticos se refiere a recuperar lo que propone el *dharma* como auténtico objetivo de la práctica. El mindfulness no fue pensado para reducir el estrés o para prevenir las recaídas en la depresión, sino que se trata de un estado mental necesario para la práctica de la meditación, que, a su vez, tiene como objetivo facilitar el acceso a estados virtuosos de la mente, hacernos mejores personas, más equilibradas, menos reactivas, más compasivas, y finalmente liberarnos del sufrimiento.

En el proceso de revisión al que se vio sometido el mindfulness para acercarse al método científico, se dejaron de lado esos aspectos. Las razones son varias, la primera, porque los científicos que diseñaban las intervenciones psicológicas buscaban que fueran neutrales en términos de valores, es decir, que en ningún caso se debía sugerir ningún tipo de cosmovisión. La segunda fue la precaución y cautela por parte de los autores pioneros para explicitar todo lo que tuviera que ver con la meditación, debido a la concepción negativa de la comunidad científica. La tercera fue que se optó por minimizar el choque, debido al cambio cultural y epistemológico que existe entre Oriente y Occidente.

En la actualidad, se están dando ciertas señales que nos llevan a una visión más amplia e integradora, como nos gusta a nosotros. Por lo tanto, nos parece que la segunda oleada del mindfulness se encuentra más marcada por la ética, la tendencia a la acción y la justicia social, que por el concepto espiritual. En consecuencia, cambiaría el eje del movimiento mindfulness, que de estar centrado en el *presentismo* (un estar centrado en el presente individualista), estaría más orientado hacia otros aspectos como la aceptación, la acción y la compasión.

Asimismo, creemos que la ciencia, al estudiar el mindfulness y la compasión, ha dado valor solamente a una ínfima parte de lo que puede ofrecer una tradición de sabiduría tan milenaria y profunda como el budismo. También, consideramos que el budismo es un auténtico filón, infrautilizado e infraestudiado, a la hora de aportar claridad a la ciencia psicológica en lo referente al bienestar y a la reducción del sufrimiento humano.

El programa EBC

En la práctica clínica de muchos psicólogos y otros profesionales de la salud, se escucha muy a menudo a los pacientes demandando mayor bienestar y felicidad. Sin embargo, cuando se les pregunta qué hacen para conseguirlos, el silencio suele ser la respuesta. La investigación científica indica que el bienestar aumenta si se dan las condiciones, y no por el deseo exclusivo del pensamiento. Por lo tanto, aunque se desee ser feliz, o se compren productos de decoración con mensajes positivos, no aumentará el bienestar, ya que incluso existen estudios que han hallado que desear determinada concepción de la felicidad puede ser contraproducente. En un estudio publicado en una revista de alto impacto, un grupo de científicos se hizo la siguiente pregunta: ¿puede la búsqueda de la felicidad hacernos infelices? Encontraron resultados muy interesantes, por ejemplo, que las personas que más valoran la felicidad tienden a decepcionarse cuando llegan momentos de bienestar.[4]

Desde el punto de vista del modelo en el que se sustenta el EBC, el deseo de la felicidad, sin habilidades para gestionar el día a día, se puede convertir en una trampa. También si situamos siempre la felicidad como lo que nos rescatará de nuestro sufrimiento, o aquello que está fuera de nosotros, y que tenemos que alcanzar con mucho esfuerzo, en lugar de situarla en algo sobre lo que ir trabajando día a día. Si tenemos muchas ganas de tocar el violín y lo hacemos sonar, lo más probable es que suene muy mal, porque se requieren una serie de habilidades para que suene de forma armoniosa. Continuando con la metáfora, imaginemos que tuviéramos la creencia de que podemos tocar el violín sin trabajar, simplemente bebiendo un refresco azucarado, y cuando vamos a clase de violín, nos decepcionamos al darnos cuenta de que al principio suena mal y distorsionado.

La premisa de la que partimos en el programa EBC es que, a través del entrenamiento mental que supone la práctica de la meditación, se pueden entrenar las competencias y habilidades necesarias que facilitan alcanzar una mente equilibrada y virtuosa con el objetivo de transformar nuestra perspectiva del self, al pasar del egocentrismo a un ego desprendido. A su vez, esto incrementará la probabilidad de aumentar nuestros niveles de bienestar psicológico. Según la estructura que Richard Davidson propone, estas habilidades se pueden resumir en cuatro constituyentes: mindfulness o control atencional, generación de emociones positivas, regulación de las emociones negativas, y generosidad o bondad. A lo largo del programa EBC, se irán desgranando cada una de estas habilidades, que generarán diferentes prácticas, tareas y meditaciones.

El entrenamiento tiene dos grandes columnas: por un lado, el eje central son las prácticas contemplativas (meditación, concentración, mindfulness, etc.); el segundo gran eje es la psicología positiva, que junto a estas, ha realizado en los últimos años muchos avances, que pueden ayudarnos a entrenar nuestras habilidades.

Este objetivo general toma forma en diversos objetivos específicos:

a) Incentivar la flexibilidad del self (mindfulness) y las nuevas perspectivas sobre el self (subpersonalidades, saboreo y fortalezas).

b) Aumentar el buen trato al self (no desde perspectivas materialistas y ego-centradas): mejor self posible, saboreo y autocompasión.

c) Fomentar y entrenar las conductas para generar un self más desprendido: altruismo y compasión hacia el otro.

d) Proyectar de manera prospectiva un modelo ideal virtuoso, promoviendo virtudes y fortalezas del carácter para acercarse a él.

A continuación, nos dedicaremos a desgranar, analizar, explicar y describir estos objetivos, así como a la exposición del entrenamiento basado en técnicas concretas, para conseguirlos.

Con la finalidad de explicar los objetivos, utilizaremos la metáfora del jardín. La idea es que el bienestar es como si estuviéramos cuidando de un jardín y aprendiéramos a observar las flores, apartando incluso algunas hierbas que impiden su visión (mindfulness), y una vez detectada la flor que deseamos cuidar (motivación), aprendemos a cuidarla, regarla y mantenerla lo que la naturaleza permita (mantener las emociones positivas, y reducir el tiempo de las negativas). Hasta que, finalmente, entregamos la flor a los otros (compasión, generosidad y altruismo), lo que implicará a su vez la aparición de más flores en el jardín.

Estructura del entrenamiento

El entrenamiento está compuesto por cinco módulos, uno por cada uno de los cuatro constituyentes, más un último módulo para trabajar la multiplicidad del self. Inicialmente, ha sido diseñado para personas con experiencia en meditación, se pide que hayan realizado un entrenamiento estándar de ocho semanas. La razón es que el EBC requiere cierta experiencia con la dinámica meditativa en términos de postura, instrucciones, y cierta sabiduría para poder empezar a trabajar las virtudes. También es cierto que está diseñado en forma suficientemente flexible (a través de módulos) como para ser realizado con poblaciones sin experiencia, ampliando el número de sesiones del módulo de mindfulness.

En su formato estándar, cada sesión tiene una temática específica y se trabajan capacidades diferentes, adaptando determinadas prácticas y ejercicios. Todas las sesiones empiezan por una meditación de unos 20 minutos, una rueda de consultas y dificultades con la práctica, una revisión de las tareas para casa y, a continuación, se introduce un nuevo aspecto teórico, junto con nuevas tareas y prácticas que se van a programar durante la semana.

Resumen de las sesiones que conforman el programa y los temas tratados

	Nombre de la sesión	Temas tratados
1	Motivación y orientación a la felicidad	Introducir el curso y grupo. Describir las normas. Explicar los dos modelos sobre los que se apoya el entrenamiento. Preparando la motivación. Introducción a las prácticas imaginativas.
2	Mindfulness o la importancia de la atención	Introducción al primer constituyente: mindfulness. Los obstáculos de la práctica.
3	Potenciando las emociones positivas	Conocimiento de las emociones positivas y de su clasificación. Adquisición y entrenamiento de la habilidad del saboreo de experiencias agradables del pasado, del presente y del futuro. Conocimiento y práctica de una emoción positiva: la gratitud.
4	Orientar la mente hacia las fortalezas	Conocimiento y clasificación de las fortalezas personales, para detectarlas con una mayor facilidad en la cotidianeidad. Detectar las cinco fortalezas principales en uno mismo y las fortalezas principales del grupo. Aprender a llevar a cabo conductas y actividades vinculadas a fortalezas personales.
5	Recuperarnos de la adversidad: regulando emociones negativas	Introducción al tercer constituyente: resiliencia o recuperación frente a la adversidad. Aprender el papel de las emociones negativas para el bienestar psicológico. Entrenamiento de habilidades psicológicas para mantener el bienestar, incluso en momentos de adversidad. Introducción a la autocompasión. Promover y entrenar estrategias de buen trato, mediante prácticas generativas.

	Nombre de la sesión	Temas tratados
6	De la compasión a la generosidad: la felicidad a partir de la entrega	Conocer la importancia de la generosidad, el altruismo y la compasión para alcanzar el bienestar. Entrenar las técnicas que se han mostrado más eficaces para su desarrollo.
7	Dando voz a la compasión: las diferentes partes de tu mente	Introducción a las partes (subpersonalidades) que habitan la mente, para ganar perspectiva a la hora de entenderla. Aprender a detectar y cultivar la parte compasiva que habita en la mente de cada ser humano. Aprender a cuidar las partes que habitan en la mente de cada persona, mediante la parte compasiva.
8	El resto de tus días vividos con sentido	Cerrar el programa y obtener conclusiones para poder continuar con la práctica.

Tabla 4.1. Guion y objetivos de cada sesión de EBC

Los participantes reciben un libro de actividades donde pueden revisar la documentación de cada sesión y los audios para la práctica en casa, a través de la web: programaebc.com

Aspectos previos fundamentales para el EBC

Hay varios aspectos que hemos decidido añadir al programa y que normalmente ningún otro entrenamiento de mindfulness o compasión suele incluir, como el entrenamiento previo en imaginación, el uso de preliminares, el diseño de un programa de implementación y el trabajo pormenorizado con los obstáculos. A continuación, vamos a detallar cada uno de esos aspectos.

El uso de la imaginación
en las prácticas constructivas

Como ya hemos visto en el capítulo 2, la meditación se puede subdividir en tres familias diferentes: las atencionales, las constructivas y las deconstructivas. El programa EBC se sustenta, sobre todo, en la familia de las meditaciones constructivas, aunque también se incluyen aspectos de la familia de las deconstructivas, como la búsqueda de una nueva forma de relacionarse con el ego. La familia de las prácticas constructivas suele requerir del uso de la imaginación para inducir estados afectivos positivos, compasión, ecuanimidad, autocompasión, etc. Estas imágenes mentales generadas funcionarían como una especie de proceso de inducción de estados mentales positivos; por lo tanto, las habilidades imaginativas son clave para su desarrollo y eficacia. En los últimos años, la investigación en imaginación ha crecido de manera exponencial, y autores como Emily Holmes de la Universidad de Cambridge, en el Reino Unido, o Simon Blackwell de la Universidad de Ruhr, en Alemania, les han dado un gran valor, revindicando la importancia de su estudio como herramienta clave en la planificación, la solución de problemas y la autorregulación. De hecho, es un aspecto clave en algunos trastornos como el estrés postraumático o la depresión, y, por lo tanto, su uso en psicoterapia ha sido revalorizado.

Sabemos que las imágenes mentales tienen la capacidad de evocar una respuesta emocional. Por ejemplo, si tenemos miedo a volar, es probable que los días previos a tomar un vuelo aumente la frecuencia de imágenes mentales relacionadas con ese temor, como accidentes, turbulencias, etc., que harán que la emoción de miedo se incremente. Curiosamente, se ha visto cómo se activan las mismas áreas cerebrales, tanto al imaginar como al ver esa imagen.[5]

El equipo de Holmes ha identificado cuatro mecanismos esenciales en el proceso de imaginar que pueden ser de gran utilidad para llevar a cabo meditaciones constructivas y sus posibles obstáculos cuando las hacemos:[6]

1. La creación de la imagen mental: cuando estamos buscando en nuestra memoria una imagen de ternura o cuidado (por ejemplo, la imagen de un bebé sonriendo), debemos seleccionar primero aquellos elementos necesarios para construirla (conocido o no conocido, la ropa que lleva, el tipo de voz, cómo interactúa o el corte de pelo). Siguiendo estas pautas, en la primera meditación del programa EBC (meditación de la esperanza) proponemos que las personas busquen un suceso en el que han sentido bienestar en un pasado cercano, para luego imaginar uno en el futuro, mientras elaboran las fortalezas, actitudes y habilidades que se activaron para facilitar la aparición de ese momento. Es posible que haya personas que se bloqueen en esta parte al inicio del programa, y no sepan qué

imagen escoger o qué elementos son relevantes. Esta dificultad se irá atenuado con la práctica.

2. El segundo proceso se refiere a la capacidad de sostener la imagen mental, conectando con la memoria visual. Existen investigaciones que indican que a partir de 2.500 milisegundos (lo que tardamos en hacer un pestañeo) la imagen mental empieza a decaer.[7] Por ejemplo, en una meditación de autocompasión se selecciona una imagen que inspire ternura (un bebé, un cachorro, etc.), y esta imagen se debe sostener el tiempo suficiente como para que tenga un efecto en cuanto a sensaciones faciales o corporales. Sin embargo, habitualmente (sobre todo al principio) aparecen muchas interrupciones que complican su mantenimiento, como pensamientos, imágenes y sensaciones ajenas que pueden aparecer y dificultar la inducción de estos estados. Precisamente, es en este factor donde es indispensable haber trabajado habilidades del mindfulness, facilitando de esa manera la concentración y el sostén de la imagen.

3. El tercer factor se refiere a la capacidad de viveza o definición de la imagen mental. Al inicio de la práctica, cuando construimos una imagen mental y no logramos verla en detalle, percibiendo tan solo imágenes pixeladas y con poca definición. Sin duda alguna, esto podría estar interactuando sobre el poder inductor de la imagen mental, pero este aspecto mejora conforme vayamos practicando.

4. Finalmente, el cuarto proceso identificado es el de rotación y transformación, que en el caso de la meditación se refiere a cuando debemos cambiar una imagen por otra, y modificar

algún rasgo. Por ejemplo, cuando debemos cambiar de forma una imagen (que un niño crezca, o cambiar una figura de compasión de sitio).

También, la perspectiva y la incorporación del resto de los sentidos durante la imaginación son fundamentales. Para presentar este punto vamos a hacer un ejercicio: cierra los ojos e imagínate un atardecer. Explora la imagen mental durante unos instantes, y ahora pregúntate: ¿dónde estaba el atardecer?, ¿estaba delante de ti, y tú estabas en primera persona observándolo? o, por el contrario, ¿estabas viéndote a ti mismo mirando un atardecer, en perspectiva de tercera persona? En este caso, estamos explorando el papel de la perspectiva, que es un aspecto sustancial, ya que se ha visto que imaginar desde una perspectiva de tercera persona reduce el impacto de la imagen mental cuando se compara con la de primera persona.[8] En el caso de la incorporación de los sentidos, es esencial que tengamos presente que una imagen mental también implica un olor, una sensación táctil o un sabor, y que buscamos una experiencia lo más similar posible a la real. Tenemos la tendencia de imaginar utilizando solo el sentido de vista, no obstante, cuando incorporamos otros sentidos a la imagen mental (olfato, tacto, gusto, etc.) es fácil que sintamos una mayor viveza.

Cualesquiera que sean las habilidades imaginativas que tengamos, tras la práctica irá mejorando la viveza de la imagen, así como su sostén y transformación. Por eso, es fundamental haber trabajado el primer constituyente o mindfulness en entrenamientos anteriores o, al menos, dedicarle un tiempo a esta práctica, ya que nos ayudará a mantener la imagen mental construida y a gestionar la divagación mental que podría obstaculizar la inducción de ese estado.

Práctica preliminar

El segundo aspecto se refiere a la motivación. Nos ha parecido que este factor, a pesar de su importancia, muy pocas veces está recogido en los programas de mindfulness y compasión. El objetivo es, precisamente, recordar la importancia de generar un bienestar sostenible, a partir de una visión más ego-desprendida o hipoegoica, a través del desplazamiento de la motivación de uno mismo hacia otras personas.

Así pues, desde la primera sesión animamos a los participantes a conectar con el deseo de que el conocimiento adquirido sea útil a otros seres queridos. A través de la pregunta: *¿a quién le dedicas los frutos de la práctica?,* es decir, *¿quién quieres que se beneficie del potencial incremento percibido del bienestar?,* ponemos la semilla para conectar con la base ética del entrenamiento. Este ofrecimiento debe realizarse antes de cada práctica y durante todo el entrenamiento.

Además, la evidencia científica sugiere que nos resulta más fácil hacer las cosas por los demás, que por nosotros mismos. En un estudio fascinante, se desarrollaron dos campañas diferentes para aumentar el uso entre los trabajadores de un hospital de un gel desinfectante. En la primera campaña A, se animó a los profesionales a lavarse las manos con mensajes como «la higiene de las manos previene que tú contraigas enfermedades», centrándose en la figura del profesional. En la campaña B, se cambió el «tú» por «los pacientes», es decir, el foco no era el bienestar personal, sino el bienestar colectivo; tras esta campaña, el uso del gel pasó del 10% (A) al 45% (B).[9]

La implementación del bienestar: la mejor versión de uno mismo

El tercer aspecto clave es el plan de trabajo para aumentar el bienestar. El objetivo es que no se quede exclusivamente en un ansia o anhelo, sino que se desarrolle un plan de implementación. Por consiguiente, dedicamos tiempo a aclarar y planificar qué aspectos (fortalezas, habilidades, actitudes, etc.) de nosotros mismos creemos que debemos desarrollar para alcanzar el bienestar.

La estrategia *Best possible self* (el mejor yo posible), desarrollada por Laura King de la Universidad de Misuri, es una de las estrategias de psicología positiva que más evidencia científica ha recibido. Su autora comprobó, en el estudio seminal de la técnica, que un grupo de participantes que durante 4 días escribía 20 minutos sobre su mejor self posible, incrementaba su afecto positivo y su bienestar, además de que 3 meses más tarde se reducían las visitas a los centros de salud. A partir de este estudio, se han desarrollado más de 30 réplicas, ya que ha mostrado ser efectivo en el aumento de afecto positivo, satisfacción con la vida, felicidad, bienestar y optimismo, así como en disminuir el afecto negativo.[10] Se trata de pensar y redactar las metas, habilidades y deseos que nos gustaría adquirir para cada uno de los siguientes cuatro ámbitos: personal, social, profesional y de la salud, en un futuro. Las instrucciones para realizar el ejercicio son las siguientes:

Si tu vida se desarrollara de la mejor manera posible, si alcanzaras un nivel muy alto de felicidad, ¿cómo sería esta vida?, ¿qué fortalezas o habilidades habrás tenido que utilizar o desarrollar para lograr este momento? Para facilitarte la tarea, la vamos a dividir en cuatro ámbitos: personal, social, profesional y de la salud.

Esta carta se redacta en la primera semana, a partir del conocimiento previo que tenemos; como no es más que un boceto, podrá ser modificada tantas veces como sea necesario a medida que avance el entrenamiento y cada persona vaya ampliando el lenguaje y el léxico sobre el bienestar, especialmente en la cuarta sesión en la que se trabajan las fortalezas, un elemento clave para este ejercicio. Cada día, durante la sesión, se invita a los participantes a llevar a cabo el ofrecimiento del curso y a leer la carta que redacten. Posteriormente, esta información también será de gran utilidad para realizar algunas de las meditaciones. A continuación, presentamos una carta escrita por una participante.

Ejemplo de carta de Ana (31 años)

Si mi yo se desarrollara de la mejor forma posible…

A nivel personal seré una persona que vive, que quiere bailar mientras está debajo de una tormenta, que puede observar sus miedos con curiosidad, sin sobreidentificarse en exceso con ellos y que los ve como productos de su mente. Además, seré una persona que acepta cometer errores. Además, desarrollaré hobbies *nuevos, como escuchar música de artistas que me llenan.*

A nivel social o de relaciones, tendré a mi familia, en la que seguro está mi pareja, y compartiré todos los momentos especiales de mi vida con ella. No pasa un día en el que no la abrace y le diga que la quiero. Nos haremos detalles muy a menudo, y compartiremos el tiempo con nuestros futuros hijos. El tiempo lo compaginaremos entre nuestras familias y nuestros amigos, ya que de vez en cuando quedamos con ellos para compartir momentos, recordar momentos chulos, compartir preocupaciones, y pasar momentos agradables en la naturaleza, viajes y comidas buenas. No nos hará falta mucho dinero para poder disfrutar.

A nivel profesional, trabajaré en lo que me hace sentir plena y sentiré que desarrollo día a día mis capacidades. No ganaré mucho dinero, pero me dará lo suficiente para vivir en una casa cómoda, tranquila y segura, comer lo que me apetece y tener momentos agradables con mi familia. Será un trabajo en el que hay un ambiente de cooperación con mis compañeros y puedo confiar en ellos.

A nivel salud, comeré de manera equilibrada entre semana, y los fines de semana me permitiré algún capricho. Además, saldré a correr 1 hora por las mañanas antes de ir a trabajar para mantenerme en forma. Eso me hace sentirme cómoda con mi cuerpo y saludable.

Para lograr todo ello, tendré que seguir desarrollando la fortaleza de no sobreestimar el peligro, de estar pensando en lo que estoy haciendo en cada momento, de seguir teniendo ganas de que los demás sean felices, experimentar gratitud hacia los demás, seguir siendo perseverante en mi trabajo, compartir con los demás mis habilidades, saber distinguir entre la realidad y los pensamientos, y ajustar el nivel de autoexigencia para poder disfrutar de mis propios momentos y de mi familia.

La lógica que se sigue en el EBC, por la que se plantea esta carta, es que para implementar una serie de cambios y hábitos es esencial que conectemos desde la empatía con una versión futura de nosotros mismos. Hay estudios que sugieren que cuando tenemos una percepción del yo futuro positiva, vívida y en términos realistas, es más probable que tomemos decisiones que puedan beneficiar a ese yo del futuro. Si realmente creamos (somos capaces de imaginar) una versión nuestra en el futuro que ha desarrollado una serie de habilidades, es mucho más probable que nos comprometamos en su entrenamiento en el presente. Por lo tanto, es un elemento esencial en actividades donde necesitemos autocontrol, o disciplina. En un momento dado, tendremos que retrasar la recompensa, y operar desde una perspectiva de ego descentrada, a través de virtudes, que no siempre llevarán asociado un refuerzo inmediato, a no ser que nos acerquen a un modelo de nosotros mismos en el futuro que nos guste, y que hayamos diseñado previamente.

En un estudio fascinante, se evaluó el impacto de vernos como ancianos a la hora de tomar decisiones para planificar nuestras finanzas tras el retiro laboral. Los resultados del estudio mostraron que aquellas personas que sintieron empatía por esa versión de sí mismos ancianos invirtieron más dinero (es decir, mostraron mayor autocontrol) para ahorrar, perdiendo la posibilidad de gastarlo en alguna actividad hedónica en el presente.[11] En una dirección inversa, se invitó a un grupo de participantes a que interactuaran con una versión vívida y realista de sí mismos en el futuro, y posteriormente llevaron cabo una tarea experimental en la que, para recibir una recompensa económica, había que falsear y mentir. Los resultados mostraron que el grupo que interactuó con ese yo futuro engañaba menos en la prueba que el grupo de control.[12]

La familiarización con un yo futuro es un elemento clave en el EBC, porque tal y como muestran algunos investigadores, tratamos a nuestro yo futuro como si fuera otra persona, es decir, nos sentimos ajenos, y eso, obviamente, va a determinar nuestra toma de decisiones, compromiso y conexión con valores del presente.[13, 14]

Los obstáculos de la práctica

El cuarto aspecto clave del entrenamiento es el tratamiento explícito de las cuestiones prácticas con respecto a las tareas. El programa EBC, como la mayoría de los programas de mindfulness y compasión, es exigente y requiere entre 20 y 30 minutos de trabajo diario en casa. Lamentablemente, somos conscientes, por nuestra propia práctica y por la experiencia como instructores de mindfulness, que existen dificultades para comprometerse e instalar este hábito en la vida cotidiana.

La creación de hábitos es de una gran complejidad y requiere un esfuerzo, más allá de la mera intención. Mantener una fuerte intención de cambio («quiero aumentar mi bienestar, ser más compasiva, estar más en el presente, etc.») no garantiza el logro de la meta, ya que las personas pueden no tratar con eficacia los problemas de autorregulación durante el esfuerzo por alcanzar la meta.

El psicólogo Alexander Rothman identifica algunas habilidades que pueden facilitar la adquisición de hábitos nuevos. Algunos ya los hemos comentado más arriba.[12]

- Hacerlo por los demás más que por uno mismo: como señalábamos antes, motiva más, por eso, les invitamos a dedicar el curso y la práctica a sus seres queridos, ya que tener esto en cuenta, sin duda, puede ser un gran motivador.
- Generar microhábitos de práctica: si a pesar del compromiso hay momentos en los que no nos sentimos capaci-

tados para realizar las prácticas meditativas prescritas, o algún día, sencillamente, nos encontramos sobrepasados y no conseguimos dedicarle los minutos necesarios, es mejor dedicar algo de tiempo (aunque sea un tiempo exageradamente reducido como tres minutos) que no hacer nada. El microhábito, entendido como el compromiso innegociable con otros hábitos conductuales diarios (aunque sean irrisoriamente reducidos en tiempo o en repeticiones), es una estrategia que implica, de forma tácita, varios factores clave para crear y mantener estilos de vida terapéuticos.

- No confundir intenciones con acciones: pensar que tengo muchas ganas de practicar no me hará cumplir, ya que solo el 28% de las intenciones acaban en acción. Por eso, es fundamental identificar las barreras más comunes que nos podemos encontrar y trabajar en ellas.[15]

En un estudio previo desarrollado en el Instituto de Psicología Baraka, se exploraron las razones que hacían que las personas comprometidas con la práctica meditativa dejaran de cumplirla. Con ese fin, se desarrolló un cuestionario para evaluarlo con la información obtenida a partir de entrevistas a 130 meditadores. Las razones que aparecían eran muy variadas, las enumeramos en la tabla 4.2.

Una organización deficiente del tiempo.
La pereza.
No querer meditar. Un rechazo generalizado a la meditación.
Haber experimentado experiencias o emociones desagradables mientras meditaba.
No tener un lugar adecuado para meditar.
Haber experimentado efectos inesperados debido a la práctica meditativa.
El dolor físico o sensaciones físicas extrañas.
La somnolencia: me quedo dormido.
Que no me concentro, me distraigo constantemente.
Me aburro al meditar.
No le encuentro sentido a la meditación.
Me parece una pérdida de tiempo.
Me he desilusionado o decepcionado con la práctica meditativa
Me siento culpable por no dedicar el tiempo que medito a mi familia, tareas, etc.
Prefiero invertir el tiempo en otras actividades.
No me encuentro cómoda/o con el grupo de meditación.
No me encuentro cómoda/o con el instructor de meditación.
Tengo la sensación de no avanzar en la práctica de la meditación.
Creo que no valgo para meditar. Creo que meditar no es lo mío.
No me siento apoyado por mis seres queridos en lo referente a la práctica de la meditación.
No he encontrado un grupo de meditación que me ayude a mantener una práctica meditativa regular.

Tabla 4.2. Razones para dejar de meditar

Estas razones u obstáculos forman parte de manera irremediable del camino y en el EBC queremos integrarlas desde el inicio. Entendemos que la construcción del hábito es un proceso de idas y vueltas con motivaciones variadas. Algunas de estas dificultades las trataremos en el capítulo 9 con respecto a la multiplicidad del self, y, por eso mismo precisamente, requeriremos un procedimiento de implementación.

Para este trabajo nos nutrimos del modelo de Peter M. Gollwitzer, profesor de la Universidad de Nueva York, que es un referente en la investigación sobre la implementación de intenciones y cambio de hábitos. Siguiendo a este autor, nos encontramos con diferentes problemas en la ruta hacia el cambio: fallos a la hora de ponerse en marcha, descarrilamientos durante del camino, desmotivación y agotamiento.[16]

La lógica que se utiliza en EBC para planificar la gestión de estas dificultades es la estrategia de intención de implementación *si/entonces*, desarrollada por ese autor. Esta lógica obliga a:

a) identificar las situaciones que ponen en riesgo el logro de metas (por ejemplo, llegar cansado a casa me hace no meditar);

b) identificar las respuestas que promueven el logro de metas (por ejemplo, practicar menos tiempo del planificado), y

c) anticipar el momento ajustado para iniciar estas respuestas (por ejemplo, lo haré justo antes de cenar).

La lógica es la siguiente:

Si surge (obstáculo), entonces (responderé de esta manera).

Por ejemplo, si surge que (llego a casa tarde y estoy muy cansado), entonces:

* Recordaré que este curso solo dura dos meses y que merece el esfuerzo.
* Leeré la carta motivacional que he hecho en la primera sesión.
* Realizaré la práctica sentado, para evitar somnolencia…

Esta lógica motivacional se ha validado como herramienta para la implementación de cambios vinculados a estilos de vida en múltiples estudios. En un metaanálisis,[17] se identificaron 94 estudios que, utilizando esta metodología, lograron un aumento significativo en la probabilidad de éxito en la implementación de un hábito.[18]

Hasta aquí hemos presentado los modelos teóricos y los fundamentos psicológicos sobre los que se basa el EBC. En los capítulos siguientes profundizaremos sobre cada uno de los constituyentes o módulos de trabajo, siguiendo el modelo presentado por el neurocientífico Richard Davidson.

5. El cultivo de la atención: mindfulness

Bhikhus, este es el camino directo para la purificación de los seres, para dejar atrás la congoja y la lamentación, para suprimir el dolor y la aflicción, para alcanzar la verdadera vía, para realizar el Nibbana. En pocas palabras, estos son los cuatro fundamentos de la atención consciente.

¿Cuáles son esos cuatro? He aquí, Bhikhus, que un monje mora en la contemplación del cuerpo como cuerpo, fervoroso, completamente atento y vigilante, desechando toda codicia y aflicción con respecto al mundo. Mora en la contemplación de las sensaciones como sensaciones, fervoroso, completamente atento y vigilante, desechando toda codicia y aflicción con respecto al mundo. Mora en la contemplación de la mente como mente, fervoroso, completamente atento y vigilante, desechando toda codicia y aflicción con respecto al mundo. Mora en la contemplación de los objetos mentales como objetos mentales, fervoroso, completamente atento y vigilante, desechando toda codicia y aflicción con respecto al mundo.

SATIPATTHANA SUTTA

Atender a lo importante

¿Qué sucede en la mente cuando no tenemos nada interesante que hacer? ¿Cuando volvemos a casa del trabajo? ¿Esperando el autobús?... ¿Alguna vez salimos de casa sin recordar si hemos cerrado la llave del gas, y cuando volvemos a comprobarlo sí que estaba cerrada?, o ¿cogemos el coche y cuando nos queremos dar cuenta hemos llegado al sitio, sin haber sido conscientes de lo que ha pasado?... Esto sucede porque muchos de los procesos psicológicos que nos gobiernan suceden bajo una especie de piloto automático mental.

La divagación mental supone un diálogo interno extraordinariamente frecuente. Las pruebas nos dicen que alrededor del 47% del tiempo que estamos despiertos estamos pensando en algo diferente a lo que estamos haciendo; de hecho, se podría decir que es la actividad mental más ubicua que tenemos los humanos.[1] En momentos de vulnerabilidad emocional este divagar puede ser una fuente enorme de estrés y sufrimiento, ya que puede tener forma de patrones cognitivos desadaptativos como la rumiación o la preocupación, identificados como factores de vulnerabilidad a la depresión, la ansiedad o el estrés.

Obviamente, esta actividad mental tiene un coste cognitivo muy alto, hace que dediquemos muchos recursos a tareas banales, descuidando las tareas inmediatas que se deben resolver. Esta tendencia a la divagación interacciona negativamente con funciones tan variadas y cotidianas como la comprensión lectora, la regulación de la atención o la memoria de trabajo.[2]

No solo nos encontramos en peor estado de ánimo cuando estamos en modo de divagación mental, sino que también tenemos conductas menos virtuosas. Hooria Jazaieri de la Universidad Berkeley (EE. UU.) llevó a cabo un estudio fascinante sobre el impacto de la divagación mental sobre el autocuidado. A los participantes en un entrenamiento en compasión (el programa CCT, *Compassion cultivation training*) se les preguntaba dos veces al día y de forma aleatoria, a través de un teléfono móvil: «¿estás pensando en algo diferente a lo que estás haciendo?», y posteriormente se les preguntaba: «¿has hecho algo amable, o que suponga (auto)cuidado, hacia ti o hacia otra persona hoy?». Los resultados mostraron que la divagación mental predecía menos conductas de cuidado hacia uno mismo y hacia los demás, es decir, a menor divagación mental, mejor trato hacia uno mismo y hacia los demás.[3] Este aspecto es fundamental en el EBC, ya que todos los constituyentes están al servicio de la construcción de un self compasivo, amable y benévolo.

Otro estudio sobre el impacto negativo que la divagación mental puede tener es el que presentó el grupo de investigación de Daniel T. Gilbert, de la Universidad de Harvard. En una serie de estudios, dejaban a un grupo de estudiantes en una sala sin ningún tipo de decoración, ni estímulos distractores entre 6 y 15 minutos, solo tenían acceso a un aparato que realizaba descargas eléctricas. El resultado no pudo ser más impactante, pues una buena parte de los participantes prefería autoadministrarse *shocks* eléctricos antes que quedarse simplemente sin hacer nada, conviviendo con sus pensamientos y su experiencia interna.[4]

No queremos decir con esto que el diálogo interno sea intrínsecamente negativo, de hecho, es esencial para un buen funcionamiento social, para la solución de problemas, la creatividad, la planificación, etc. Pero es fundamental resaltar que una buena gestión parece esencial para aumentar nuestro bienestar. Si este diálogo implica estar atendiendo a algo diferente de lo que tenemos entre manos, parece importante alcanzar la sabiduría necesaria para discriminar si está siendo útil o no, o si nos aleja o nos acerca a aquello que es importante para nosotros; sobre todo, cuando lleva asociada una peor regulación emocional, haciendo que nos quedemos «pegados», tal y como veremos en los capítulos 6 y 7.

Por lo tanto, ¿cómo podemos reducir esta tendencia a estar divagando cuando no es necesario? Una posible alternativa, o, al menos, un proceso que ha sido identificado como opuesto o como un antídoto a esta divagación, es la capacidad de regular nuestra atención, o mindfulness. Aunque hay que tener en cuenta que la divagación mental solo es uno de los múltiples mecanismos sobre los que interacciona el mindfulness, como vamos a ver a continuación.

El mindfulness (*sati* en lengua pali)[5] es un componente de lo que en la tradición budista se llama el Óctuple Noble Sendero, la vía diseñada por el Buda para el cese del sufrimiento (*dukkha*). Este itinerario se puede reducir a tres aspectos nucleares: sabiduría, conducta ética y meditación. La sabiduría (*paññā*) se divide en visión correcta y pensamiento correcto. En realidad, cuando se refiere a correcta *(sammā)* se podría entender por plenitud, perfección o coherencia. La conducta ética (*sila*) se divide en hablar con corrección, actuar correctamente, tener un medio de vida correcto, y finalmente, el tercer proceso es meditación (*samadhi*) que incluye esfuerzo correcto, concentración correcta y presencia (*sati*). Este Óctuple Noble Sendero se puede entender como una combinación de cualidades mentales (como mindfulness o concentración) y conductas virtuosas, que están al servicio de la recta visión (sabiduría) o la comprensión profunda de los fundamentos del sufrimiento y de su cese.

Recogiendo la metáfora del jardín que planteamos en el capítulo anterior, en el budismo primitivo ya se habla de que «de la misma forma que se ara la tierra para poder sembrar, *sati* (mindfulness) prepara la mente para la sabiduría».[6] Así pues, el mindfulness permite preparar nuestro jardín, ayudándonos a quitar las malas hierbas (divagación mental, patrones, prejuicios, etc.), para así poder dejar la tierra preparada para su cultivo y lograr tomar conciencia de todas las flores que van surgiendo.

Por lo tanto, la definición de mindfulness, lo que entendemos que es, depende del contexto en el que lo utilicemos. Si atendemos a los tres contextos identificados en el capítulo 1, el psicoeducativo, el clínico y el espiritual, veremos que cada uno de ellos se centra en un aspecto de la definición, otorgándole una versatilidad que, más que debilitarla, enriquece su comprensión y complejidad a la hora de ser utilizada como una herramienta de transformación.[7] No queremos decir con eso que el mindfulness sea un constructo líquido, sino que no se trata de un concepto monolítico con límites claros.

En definitiva, no existe una única definición de mindfulness y esta versatilidad (acompañada también de ambigüedad semántica) ha llevado a llamar mindfulness a cosas que no lo son. Esto, obviamente, ha derivado en problemas éticos (tratar de implementar el mindfulness para algo para lo que sabemos que no es eficaz, o etiquetar como mindfulness otras prácticas meditativas), de investigación (dificultando la evaluación del constructo y la replicabilidad de los estudios) y pedagógicos (cómo lo tenemos que enseñar, adaptar y cuál es el objetivo último de la práctica). Por lo tanto, es importante encuadrar qué entendemos o a qué aspectos de la definición de mindfulness nos dirigimos en el programa EBC, y para eso, lo mejor es ir a sus raíces y conocer cómo ha ido transformándose esta definición hasta llegar al contexto científico y académico.

¿Qué es exactamente el mindfulness? Las raíces del mindfulness

El budismo no es un movimiento monolítico y unificado, pues existen dentro de él concepciones, escuelas filosóficas y perspectivas diferentes. Sin duda alguna, esto afecta también al mindfulness. Si atendemos al budismo primigenio (una época que va de los siglos v al iii antes de nuestra era y que abarca textos que en muchos casos ni siquiera han sido traducidos al inglés), podemos entender el mindfulness en el contexto en el que se operativizó. De acuerdo con el monje y erudito Bhikkhu Analayo, ya en su origen el mindfulness tiene diversas acepciones.[8]

Por un lado, el mindfulness tiene una acepción referida a la memoria. Se trataría de una facultad de la mente, que se refiere a la habilidad para recordar lo que se está haciendo, es decir, la capacidad de «tener presente» aquello a lo que quiero atender.[9] Cuando estamos haciendo meditación con el foco en la respiración, nos vienen recuerdos o distracciones que de alguna forma «secuestran» nuestra atención. En este caso, mindfulness se refiere a la capacidad de recordar el objeto mental de observación, facilitando el regreso al foco, en este caso la respiración, tras la distracción. Según Analayo, cuando estamos en mindfulness intentamos atender a algo, como si lo tuviéramos que recordar después.

La segunda acepción se encuentra en un texto fundamental, en el que se basa la tradición académica del mindfulness, el *Satipatthana sutta* o *Los cuatro fundamentos del mindfulness*. Esta acepción se acerca más a la versión académica, ya que se refiere a la capacidad de estar en el presente con mindfulness. La primera acepción (memoria) define la cualidad del mindfulness y la segunda (conciencia del presente), su aplicación en una situación concreta. En un esfuerzo de integración, Analayo define *sati* como un estado de plena receptividad y atención a lo que sucede en el momento presente, de tal forma que puede ser fácilmente recordado, incluso después de largo tiempo.[9]

El *Satipatthana sutta* es uno de los tratados más importantes del Canon Pali,[10] así como el origen de la tradición contemporánea de la meditación *vipassana*, que a su vez ha sido la gran influencia de lo que entendemos por mindfulness académico. En este discurso, el Buda identifica cuatro dominios a los que atender para lograr la liberación del sufrimiento: el cuerpo (*kaya*), las sensaciones (*vedana*), la mente (*cittā*) y las enseñanzas budistas (*dhammā*). Conviene subrayar que, para el budismo, al contrario de lo que se ha dejado entrever en la visión académica, el mindfulness no es un fin en sí mismo, sino que va dirigido a la búsqueda de una mente guiada por virtudes.

Mindfulness en el contexto académico

En el contexto psicoeducativo o clínico, mucho más enraizado en la tradición académica, se suele recurrir a la definición de mindfulness desarrollada por Jon Kabat-Zinn: «Prestar atención de manera consciente a la experiencia del momento presente con interés, curiosidad y aceptación».[11] Esta definición tiene dos ejes: el primero se refiere a la consciencia o *awarenes* sobre la propia experiencia que es percibida en el presente, y el segundo, a la actitud que la debe acompañar, de curiosidad y aceptación, es decir, con mente de principiante.[12]

Desde la perspectiva académica, también podemos encontrar esta multiplicidad de concepciones del mindfulness. En efecto, se pueden observar tres acepciones diferentes: como estado mental, como rasgo o tendencia estable o como una forma de vivir. El mindfulness como un estado mental es un ingrediente necesario para la práctica de meditación, ya que existe una focalización intencional de la atención en un objeto (como la respiración o el cuerpo), mientras se observan los pensamientos, emociones y sensaciones tal y como emergen en el momento presente.[13] Esta definición está muy vinculada a la práctica meditativa, y se trata de gestionar las experiencias que surgen mientras meditamos.

Cuando entendemos el mindfulness como rasgo, nos referimos a una disposición o tendencia a acceder a estados de mindfulness, una disposición natural a observar la experiencia del presente con curiosidad y aceptación en nuestra vida cotidiana. Se trata de una capacidad relativamente estable, aunque susceptible de mejorar a través del entrenamiento. Monika Waszczuk y su equipo del Kings College de Londres realizaron un estudio con 2.100 gemelos y encontraron que esta tendencia o rasgo tiene un 32% de factores que se podría decir que son heredados y un 66% de factores no vinculados con el ambiente. El margen de cambio es bastante amplio, aunque no hay que menospreciar que haya personas que tienen menor disposición a experimentar este estado y, en cambio, a otras les resulte muy fácil.[14]

Este rasgo se puede subdividir en diferentes procesos:

a) Observar los estados internos, emociones y otras respuestas conductuales, sin intentar rechazarlas cuando resultan dolorosas, ni prolongarlas cuando son placenteras (por ejemplo, cuando tenemos la capacidad de ver que nuestro estado de ánimo empieza a cambiar sin intervenir).

b) Describir hechos y respuestas personales con palabras. Se refiere a la capacidad de poner en palabras experiencias internas complejas (por ejemplo, muchas personas tienen dificultades para relatar cómo se sienten en cada momento, o que emoción tienen).

c) Actuar dándose cuenta. Esto se refiere a la capacidad de centrar la mente y la atención en la actividad que se está llevando a cabo, sin dividir la atención entre lo que hacemos y lo que pensamos.

d) Aceptar (o permitir) sin juicios se refiere a la capacidad de relacionarnos con la experiencia interna de forma amable, sin juzgarnos ni castigarnos, incluso cuando esta es desagradable.

e) No reaccionar a la experiencia interna, lo que se refiere a la capacidad de no reaccionar de forma inmediata a las experiencias, incluso si son desagradables.[15]

Finalmente, la tercera acepción trata de un intento de llevar un estilo de vida tranquilo, con la aspiración de crecer como personas, o incluso de acceder a la iluminación, liberación o despertar (si esta forma parte del contexto espiritual).

Meditaciones basadas
en mindfulness

Todo lo que en la visión académica llamamos meditaciones basadas en mindfulness, en realidad, incluye dos tipos de prácticas meditativas o estrategias: la atención focalizada y el monitoreo abierto. La primera implica un estrechamiento del campo atencional, cultivando la concentración sobre un punto u objeto mental, y regresando la atención de nuevo al objeto o sensación cuando nos distraemos por estímulos externos o pensamientos.[16] Con esta meditación cultivamos la agudeza y la estabilidad en el sostén atencional a un objeto mental. Supone un punto de partida para los meditadores noveles, pero a medida que vamos avanzando en el grado de esfuerzo, este sostén se va reduciendo y cada vez le dedicaremos menos tiempo, para ir centrándonos en la otra meditación, la del monitoreo abierto.[17] Si acudimos a un entrenamiento estándar de mindfulness, las primeras cuatro sesiones estaremos trabajando sobre todo esta técnica. Técnicas como la meditación en la respiración, el conteo de respiraciones o la de recitar *mantras* formarían parte de este tipo de prácticas.

En cambio, en el monitoreo abierto, el foco atencional se amplía, y el meditador se mantiene atento a cualquier experiencia que pueda surgir (percepciones, pensamientos, contenido mental o el propio flujo de conciencia), sin seleccionar, identificarse, juzgar o centrarse en un objeto particular concreto. El objetivo es ganar claridad sobre el conocimiento que tenemos de nuestra propia mente. Esta técnica suele ser el auténtico foco de los entrenamientos occidentales de mindfulness, aunque es imposible llevarla a cabo si previamente no hemos entrenado la atención. Muchas veces, en la propia práctica meditativa, resulta difícil situar el límite entre atención focalizada y monitoreo abierto y nos movemos de una a otra durante la sesión.

Evidencia de las intervenciones basadas en el mindfulness

Las intervenciones psicológicas, cuyo foco es el entrenamiento en mindfulness, han mostrado ser eficaces en muchos trastornos mentales, en la reducción del estrés, o en la mejora del bienestar psicológico. Los programas más reconocidos basados en el entrenamiento en mindfulness (aunque suelen incluir muchas otras familias meditativas) son la terapia cognitiva basada en el mindfulness (MBCT, *Mindfulness-based cognitive therapy*), el programa de reducción del estrés basado en mindfulness (MBSR, *Mindfulness-based stress reduction*) o el programa de prevención de recaídas en adicciones (MBRP, *Mindfulness-based relapse prevention*). También existen muchos programas que utilizan el mindfulness como un ingrediente integrado en un paquete terapéutico, como la terapia dialéctico-comportamental (DBT, *Dialectal behaviour therapy*) o la terapia de aceptación y compromiso (ACT, *Acceptance and comittment therapy*). Por supuesto, aquí también se incluyen numerosos programas de entrenamiento en la compasión que han surgido en los últimos años y que suelen incluir ejercicios y prácticas de mindfulness: el entrenamiento en la compasión de base cognitiva (CBCT, *Cognitive-based compassion training*), entrenamiento en el cultivo de la compasión (CCT, *Compassion cultivation training*), terapia focalizada en la compasión (CFT, *Compassion focused therapy*), cultivando el equilibrio emocional (CEB, *Cultivating emotional balance*), terapia de la compasión basada en estilos de apego (ABCT, *Attachment-based compassion therapy*), y muchos otros. La mayoría de estos programas están enmarcados en el contexto clínico, excepto el programa MBSR y los programas de compasión (excepto la CFT) ya que responden más a un contexto psicoeducativo.

Muchas de estas terapias están incluidas en las principales guías clínicas del mundo, como tratamientos de elección (cubiertos por los sistemas públicos de salud) para la prevención de recaídas en depresión (MBCT), prevención de recaídas en adicciones (MBRP), tratamiento de trastorno límite de la personalidad (DBT), etcétera. Es decir, que el nivel de impacto y reconocimiento ha sido enorme, dado el poco tiempo que se lleva investigando (en contextos clínicos y psicoeducativos), teniendo en cuenta que el primer estudio aleatorizado sobre la eficacia del mindfulness es del año 1992.

Estos programas suelen incluir diferentes meditaciones que entrenan estrategias de regulación de la atención, trabajo con la conciencia corporal, incrementan capacidades metacognitivas o descentramiento, dinámicas de indagación sobre lo vivido durante la práctica y un contenido psicoeducativo, que es el que hace que un entrenamiento sea específico para una población en concreto.

¿Por qué funciona el mindfulness? Mecanismos de eficacia

Hasta los años 90, prácticamente el único contexto activo de investigación en mindfulness era el espiritual y, por lo tanto, no se regía por las reglas de la investigación objetiva y rigurosa. A pesar de que muchas veces se habla del budismo como una ciencia de la mente, hay aspectos que lo alejan de la ciencia, tal y como la entendemos en Occidente. Para esta tradición es fundamental probar las cosas y no digerirlas como dogmas, es decir, que de alguna forma buscan la evidencia empírica, hasta el punto de que, si hay una inconsistencia entre el conocimiento expresado a través de escritos y lo experimentado, esto último debe prevalecer. Además, otro aspecto clave es el análisis pormenorizado que hacen de la mente, sorprendentemente similar al de algunas de las teorías que desarrolla la psicología occidental o a los últimos avances en neurociencia.

Por otro lado, lo que nos aleja de esa concepción de ciencia, tal como lo plantea el divulgador John Dune, es que hay que tener en cuenta que muchas de las teorías budistas no se han revisado durante milenios y no han sido sometidas a la metodología científica actual, como la entendemos en nuestro marco cultural.

En todo caso, cuando surgen las primeras aproximaciones al mindfulness desde los contextos psicoeducativo y clínico, la mayoría de los esfuerzos se centran en estudiar la eficacia de una serie de programas de intervención (sobre todo MBSR en sus inicios), y no tanto en entrar a explicar en profundidad los mecanismos psicológicos que subyacían en esta eficacia; de alguna forma, se empezó la casa por el tejado. En el año 2011, la neurocientífica Brita Hölzel, junto con importantes científicos del área del mindfulness, redactan un artículo fundamental: «¿Cómo funciona la meditación mindfulness?».[18] En este escrito identificaron cinco mecanismos basados en la observación de cambios a nivel cerebral: (1) control atencional, (2) conciencia corporal, dos formas de regulación emocional, (3) revalorización y (4) exposición, y, por último, (5) un cambio en la perspectiva del self. A continuación, vamos a intentar profundizar en cada uno de ellos y, a modo de resumen, presentamos la tabla 5.1.

Mecanismos	Instrucciones de la práctica	Ejemplos de prácticas de mindfulness	Fases de aplicación	Áreas del cerebro asociadas
1. Regulación de la atención.	Sostener la atención en distintos puntos.	Meditación de la respiración.	Fases iniciales/ primeras sesiones.	Córtex cingulado anterior.
2. Conciencia corporal.	Sostener la atención en las sensaciones corporales: respiración cuerpo, emociones, etc.	Meditación de la contemplación de las sensaciones o *body scan*. Movimientos corporales con atención plena (*mindful movements*), etc.	Fases iniciales e intermedias.	Ínsula, junta temporo- parietal.
3a. Regulación emocional: revalorización.	Generar nuevas formas de reaccionar a las emociones: no juzgar, aceptar.	Meditación de las emociones.	Fases o sesiones intermedias y finales.	Córtex prefontal (dorsal).
3b. Regulación emocional: exposición, extinción y reconsolidación.	Exponerse a aquello que sucede en la conciencia: tomar distancia, no reaccionar a la experiencia interna.	Meditación de las emociones. Meditación de las emociones difíciles.	Fases o sesiones intermedias y finales.	Amígdala. Hipocampo.
4. Cambios en la perspectiva del *self*.	Desapego a una imagen fija de uno mismo.	Meditación de los pensamientos. Meditación de la disolución del yo.	Transversal a todo el aprendizaje. Mayor énfasis en fases intermedias y finales.	Córtex cingulado posterior, ínsula.

Tabla 5.1. Mecanismos de eficacia de mindfulness

El primer nivel de interacción o mecanismo de eficacia identificado es el de la regulación atencional. Existe abundante evidencia de que las capacidades atencionales mejoran de manera clara tras un entrenamiento protocolizado de mindfulness. El coste cognitivo a nivel atencional en las primeras fases del entrenamiento es muy alto y se va reduciendo conforme aumenta el número de horas de práctica.[19] Cualquier persona que se inicie en la práctica de la meditación percibirá cierta desregulación atencional en las primeras experiencias. Lo detectaremos a través de múltiples distracciones, de un divagar interno acelerado, o de una cierta agitación. Este mecanismo estaría sustentado, sobre todo, en las técnicas meditativas centradas en la focalización atencional y suele ser el foco de las primeras sesiones de un entrenamiento en mindfulness estándar.

Cuando enseñamos mindfulness a nuestros estudiantes, normalmente se sorprenden de lo difícil que les resulta atender a la respiración. En efecto, todavía existe cierta mitología alrededor de que meditar es poner la mente en blanco, y eso, obviamente, afecta a las expectativas. Después de un primer ejercicio de mindfulness, normalmente les pregunto a mis estudiantes de grado (A) cuántos han sentido que han hecho el ejercicio mal, y el porcentaje de manos elevadas supera con creces el 50%. Así pues, el control atencional es un ingrediente esencial, sea cual que sea la meditación que vayamos a utilizar, aunque cobra mucha importancia cuando ponemos la atención sobre aspectos muy sutiles (por ejemplo, el frescor del aire entrando y saliendo).

En las meditaciones basadas en el mindfulness, la instrucción básica pone el énfasis en llevar la atención a la respiración o al cuerpo, y en mantenerla hasta que inevitablemente se aleje. Una vez que nos demos cuenta de este alejamiento, hay que hacer que regrese al foco de atención de la práctica (podría ser a la respiración o al cuerpo) con una actitud de amabilidad. Este «ir y venir», y lo que emerge de su observación, suponen el punto de partida y el núcleo de la práctica en los entrenamientos de mindfulness.

Los aspectos atencionales de la meditación han sido sistematizados desde diferentes tradiciones contemplativas. En el EBC dedicamos un módulo entero a trabajar estas capacidades, como un primer nivel de aprendizaje, antes de pasar a otro tipo de meditaciones. Antes de avanzar en las otras familias meditativas, es fundamental un buen entrenamiento, ya que supone y facilita la estabilidad mental y la claridad necesaria para sentir un anclaje al que volver repetidamente. En el caso del programa EBC, entendemos que este constituyente es el primero y una auténtica columna vertebral sobre la que se estructurará el resto. No obstante, y teniendo en cuenta que el mindfulness es mucho más que la regulación atencional, su práctica continua también activa otros mecanismos clave.

El segundo mecanismo, identificado por el grupo de Hölzel, es el de la conciencia corporal, pues el cuerpo es el tablero de juego sobre el que se estructura la práctica de mindfulness y donde surge como espacio de observación de la experiencia. Esto, que en principio es un efecto colateral de la práctica, ha resultado ser un mecanismo clave para explicar su eficacia. En efecto, una mayor conciencia corporal ha sido asociada a una menor tendencia a juzgar la experiencia interna, mayor capacidad de regular las emociones, o incluso una mayor capacidad de tomar decisiones.[20]

La observación se hace, momento a momento, sobre las sensaciones que surgen en el cuerpo, y tanto la respiración como lo sentidos se utilizan como anclaje para regresar al aquí y ahora. Ya en el *Satipattana sutta* se habla de cómo los monjes «moran observando el cuerpo». Durante la práctica, el cuerpo está presente siempre, y es un lugar de observación neutral para depositar la atención, ya sea como el fenómeno físico de la respiración o como la relación entre los pensamientos y las emociones. Para ello, se utilizan prácticas que están dirigidas a este propósito –como el *body scan* u otras relacionadas–, en las que se incluye la instrucción básica de la conciencia corporal, como en las meditaciones de la respiración. La práctica continua aumenta la conciencia corporal y el acceso a las sensaciones más sutiles que surgen en el cuerpo. Por consiguiente, resulta fundamental, tanto en las prácticas deconstructivas como el mindfulness, como en las constructivas, como la compasión.

La postura es otro aspecto corporal clave que debemos tener en cuenta en la meditación basada en el mindfulness. Para entender este punto, debemos hablar de las teorías sobre la cognición encarnada o *embodiment*, que proponen que los estados corporales (movimientos, posturas, etc.) participan y modifican la cognición y la emoción. Por ejemplo, se ha visto que adoptar una postura expansiva (versus contraída) se relaciona con cambios emocionales, cognitivos o fisiológicos. El grupo de Johannes Michalak de la Universidad de Witten/Herdecke, en Alemania, ha investigado el papel de la postura corporal en la meditación, obteniendo resultados muy interesantes. En un estudio apasionante, se evaluó el efecto de una postura típica de meditación (postura expansiva y espalda recta) en una población con sintomatología depresiva mientras hacía una tarea de recuerdo autobiográfico en el que se evaluaba el número de palabras de tono afectivo positivo y negativo utilizadas en dicho recuerdo. Los resultados sugieren que, cuando los pacientes estaban en postura expansiva, tenían recuerdos menos sesgados que si lo hacían en una postura encorvada. Este aspecto es fundamental para entender la importancia de la postura, mientras meditamos (espalda recta), o incluso el efecto de determinadas prácticas como el yoga.[21]

El tercer y cuarto mecanismo son dos formas de entender la regulación emocional y le dedicaremos todo un capítulo a este punto, ya que se trata de otro constituyente clave en el modelo de Davidson. Se entiende por regulación emocional el conjunto de procesos a través de los cuales influimos en las emociones que tenemos, cuándo las tenemos y cómo las experimentamos y expresamos.[22] En los últimos años, han aparecido una variedad de trabajos que sugieren que la práctica del mindfulness facilita la regulación implícita de las emociones. Aunque en el EBC entendemos este mecanismo como un proceso diferente al del mindfulness, cierto es que, en realidad, la separación entre mecanismos es bastante artificial. El primero de los procesos de regulación hace referencia a la capacidad de revaloración. Como más adelante veremos (capítulo 7), se refiere a un proceso de adaptación a la emoción negativa, en el que lo que hacemos es reconstruir los sucesos estresantes como beneficiosos, significativos o benignos (como pensar que uno va a aprender algo de una situación difícil).

El otro proceso de regulación emocional tiene que ver con la capacidad de reconsolidación y exposición. Durante la meditación, nos exponemos a todo lo que está presente en el campo de la conciencia, incluidos los estímulos externos, sensaciones corporales y experiencias emocionales, observando estas experiencias sin alterarlas o reaccionar a ellas. Por eso mismo, atender a las emociones o sensaciones desagradables (irremediables en la práctica meditativa si nos comprometemos) desde esta actitud genera habituación y, a largo plazo, una mayor capacidad de observarlas, sostenerlas y regularlas. En los capítulos 6 y 7 profundizaremos sobre este proceso, tanto para aumentar las emociones positivas como para acortar las negativas.

En el quinto mecanismo se profundiza en los cambios en la perspectiva del self, como consecuencia de lo trabajado previamente, pues es poner la atención en la naturaleza transitoria de este. Se conoce como la «deconstrucción del self» y emerge con la experiencia de la práctica continuada. Tal y como hemos planteado en el capítulo 2, este mecanismo iría alineado con la transformación de una visión ego-centrada hacia una ego-desprendida y es el auténtico foco del modelo de bienestar que se propone desde el EBC. ¿Cómo es posible que la observación de los fenómenos de la mente de forma amable genere semejante impacto en la visión sobre el self?

Cuando aumenta la conciencia interna a través del entrenamiento, los meditadores informan de una mayor capacidad y claridad para observar los procesos mentales.[23] En un estudio de metasíntesis (un metaanálisis de estudios cualitativos) se observan mecanismos como: tener una reunión con uno mismo, la ausencia de un yo nuclear, o volver a uno mismo.[24] Esta mayor claridad facilita la observación de cómo los procesos mentales aparecen y desaparecen, consolidando la idea de que el contenido mental es transitorio y está en constante cambio (self-como-objeto) y que hay algo constante (self-como-sujeto) que regula las conductas, emociones y sensaciones.

La observación sin juicio y amable, que se enseña y entrena en el mindfulness, permite el desapego o la desidentificación de los contenidos de la conciencia, es lo que algunos autores llaman repercepción o descentramiento. Este proceso indica que se genera una mayor capacidad de percibir los contenidos mentales como sucesos, como algo fruto del contexto, y no como lecturas reales de la realidad. John Teasdale, profesor de la Universidad de Oxford retirado, y uno de los creadores de la terapia cognitiva basada en el mindfulness, plantea la hipótesis del *insight* metacognitivo, es decir, la percepción global, y no solo intelectual, de que los pensamientos responden a muchos procesos (como el estado de ánimo, contexto, etc.) y, por lo tanto, no pueden utilizarse siempre como lecturas válidas de la realidad.[20] Por ejemplo, si un día estamos enfadados en el trabajo, es fácil que pensemos que estaríamos mejor en otro sitio, que nadie nos apoya, que todos están contra nosotros, etcétera, y cuando se nos pasa el enfado, todos esos pensamientos de repente ya no se sostienen y automáticamente pensamos que en realidad estamos bien en el trabajo, que ha sido un instante de furia. La clave está en la capacidad de darnos cuenta, en medio de la tormenta, de que el contenido mental que surge es fruto de una emoción y de un contexto, y que no es una lectura ajustada de la realidad. Obviamente estaría en nuestra naturaleza: si accedemos a este *insight*, utilizaremos esta información para regular la conducta y escoger, de entre todos los contenidos mentales a los que tenemos acceso, la reacción más saludable y compasiva.

Como se propone en el *Satipatthana sutta* o *Los cuatro fundamentos del mindfulness*, la observación de las sensaciones o *vedanas* (segundo nivel de observación) implica la observación de los fenómenos físicos y mentales, divididos en tres categorías: agradables, desagradables y neutros. Tras cada uno de estos fenómenos, aparecerán en el cuerpo las sensaciones de apego/aferramiento (hacia las sensaciones agradables) o evitación/rechazo (hacia las sensaciones desagradables).

Si nos sentamos a practicar y cerramos los ojos, es fácil que al poco tiempo surja en nosotros una sensación de aburrimiento. Probablemente, esta sensación la veremos como algo desagradable y, por consiguiente, intentaremos evitarla (moviéndonos, abriendo los ojos, o pensando que hoy no es un buen día para meditar). En cambio, si nos quedamos practicando y observamos esas sensaciones sin evitarlas, veremos que los sucesos internos y sus reacciones habituales (apego o aversión) son transitorios. De hecho, la falta de conciencia de este proceso natural es lo que en buena parte genera sufrimiento.

La observación repetida de estos procesos transitorios es lo que lleva a una transformación de la visión del self, reduciendo el apego a las experiencias internas. Este no-apego, en el que el self no está en el centro de la toma de decisiones, nos llevará a una reducción en la capacidad de que las ideas, imágenes u objetos sensoriales se queden fijados en la mente, así como a la ausencia de presión interna para mantener, evitar o cambiar las experiencias.[25]

En la figura 5.1 se observa que estos mecanismos siguen un orden, y cada uno es esencial para explicar los otros. El control atencional se realiza, sobre todo, sobre la conciencia corporal, y observando esta conciencia es cuando surgen las emociones y las sensaciones. El trabajo de regulación de las emociones, a través de la atención y el cuerpo, lleva a modificar la perspectiva del yo, generando una perspectiva metacognitiva y ego-descentrada.

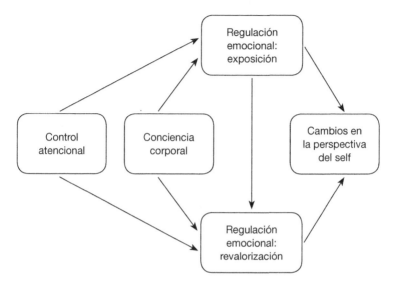

Figura 5.1. Modelo de mecanismos de eficacia del mindfulness[26]

Mindfulness en positivo

Además de ser el nombre del anterior libro de uno de los autores (D), mindfulness en positivo se refiere a aquellos mecanismos «positivos» que se activan tras un entrenamiento en mindfulness.[27] En la literatura científica podemos encontrar datos fascinantes, teniendo en cuenta que son aspectos que no suelen explicitarse en los entrenamientos estándar de mindfulness, como el aumento de emociones positivas, optimismo, conexión con valores, cambios a un estilo de vida más saludable, etcétera.

Como ya hemos expuesto en el capítulo 1, apenas se han establecido puentes entre el mindfulness y la psicología positiva y, de hecho, no es muy frecuente que se utilicen instrumentos que evalúen variables positivas en las MBI [Mindfulness Based Interventions]. Uno de los modelos más interesantes es el desarrollado por Eric Garland, profesor de la Universidad de Utah que lleva tiempo investigando el papel del mindfulness en el bienestar: destaca el papel que desempeña como columna vertebral de la espiral de positividad, creando dinámicas ascendentes. Según este autor, a través de la práctica de mindfulness se genera un estado de conciencia ampliado que fortalece interpretaciones más ajustadas de los sucesos, aumentando el afrontamiento de acontecimientos estresantes.[28]

Otro mecanismo positivo que se identifica es el aumento de la conexión con nuestros valores, pues se sabe que la práctica continua de la meditación se relaciona con una mayor conexión con aquello que nos importa, con lo que nos mueve. Tras años como instructores de mindfulness, hemos visto muchas veces que las personas que se inician en la práctica viven una revolución interna, una transformación muy profunda, en la que consiguen un sentimiento de claridad con respecto a lo que les importa. Los valores son un aspecto que ha sido recuperado recientemente en la psicoterapia, se trata de conceptos o creencias y conductas deseables, que guían la selección o evaluación de los sucesos. En un estudio publicado junto con nuestros amigos y colegas Javier García-Campayo y Joaquim Soler, evaluamos nuestra coherencia entre aquello que nos resulta importante (familia, educación, espiritualidad, etc.) y nuestro estilo de vida. La hipótesis era que cuanta más distancia hubiera entre los valores y la vida que se vivía, aumentaba el sufrimiento; y pensábamos que los meditadores iban a ser más coherentes. En realidad, tiene mucho sentido que si alguien piensa que lo más importante para él es la familia y luego se pasa todo el tiempo trabajando o estresado, difícilmente va a sentir que su vida se está desarrollando de forma plena. Efectivamente, en una muestra de 509 personas, de las que 143 eran meditadoras diarias, lo que encontramos fue que las que practicaban más a menudo tenían mayor coherencia entre aquello que considera-ban importante y su tipo de vida.[29]

Otro aspecto clave es el aumento de la autocompasión vinculado a la práctica del mindfulness. En otro estudio, publi-cado por este mismo grupo, se vio la relación entre la práctica meditativa y la felicidad, y fue precisamente la autocompa-sión la variable que mediaba entre ambas. Es decir, la mera observación de los sucesos que surgen en la mente desarrolla la autocompasión y la amabilidad hacia nosotros mismos.[30] Seguramente, a través de una mayor comprensión de los fe-nómenos mentales encontramos la sabiduría para entender la importancia de cultivar este estado mental, que podemos decir que se entrena de forma implícita.

Entre los principales investigadores de mindfulness ha habi-do un debate muy interesante sobre si la compasión debe o no debe explicitarse en los entrenamientos. Si atendemos a los en-trenamientos en mindfulness que más evidencia han recibido, como MBSR o MBCT, en ningún momento se explicita que la amabilidad o la autocompasión sean mecanismos básicos, pero, a pesar de ello, los participantes aprenden esta habilidad, que es además uno de los mejores predictores de cambio.[31] Esta actitud, que se entrena en la propia práctica, parece generalizarse a otras áreas, pues la observación de los fenómenos mentales lleva de forma irremediable a la amabilidad hacia uno mismo, como una especie de resorte que salta por sí mismo, sin necesidad de buscar o forzar nada. Desde esta perspectiva, la autocompasión surgiría de forma natural con el mindfulness, a través de una comprensión profunda de la ubicuidad del sufrimiento y de la intensa conexión que compartimos con los que sufren, así como con el deseo de que estén bien, al igual que nosotros.[32]

En cambio, en los últimos entrenamientos contemplativos generados que han recibido mucha atención, como los realizados sobre la autocompasión o la compasión, este componente se hace explícito. En un estudio reciente publicado en la revista *Mindfulness* y liderado por nuestro colega Gonzalo Brito, se publicó una comparativa entre el entrenamiento que desarrolla esta habilidad de forma implícita (MBSR) o de forma explícita (CCT, *Compassion cultivation training*). Se obtuvieron datos sorprendentes acerca de cómo se puede llegar al mismo sitio por caminos diferentes, mostrando resultados muy similares en el aprendizaje de estas habilidades.[33]

Mindfulness en el EBC

En el programa EBC, nos centramos en los diferentes mecanismos explicitados en este capítulo. Por un lado, buscamos la mejora de la capacidad de regular la atención, así como de aumentar la conciencia corporal. Tal y como hemos visto al inicio de este capítulo, el mindfulness puede ser entendido como un estado mental en el que ponemos como foco atencional alguna experiencia del presente, mientras redirigimos la atención cada vez que percibimos una distracción. Además, nos ayudará a mantener todas las prácticas que se proponen en el EBC, favoreciendo el sostén del objeto de observación que estamos entrenando, así como su potencial de inducción de estados mentales facilitadores de acciones virtuosas.

A nuestro entender, y a pesar de lo que se pueda pensar, el mindfulness no debe ser aséptico ni neutral, sino que debe reposar sobre un fondo ético. La búsqueda de la estabilidad mental tiene como objetivo facilitar el acceso a una sabiduría que nos permita discriminar entre los estados mentales que contribuyen a la aparición del sufrimiento y aquellos que lo hacen para el aumento del bienestar. El mindfulness debería de estar dirigido hacia una vida más virtuosa y hacia una visión hipoegoica o ego-desprendida. Asimismo, hemos visto que la divagación mental puede aumentar la probabilidad de llevar a cabo conductas poco cuidadosas o compasivas.[3] De hecho, en la tradición ya se habla de que solo podemos entender el mindfulness de forma correcta a partir de la búsqueda de la cesación del sufrimiento individual o ajeno.

Si entendemos la mente como un jardín, el mindfulness nos permite darnos cuenta de cuándo hay una flor, y en todo caso nos ayuda a allanar el terreno y a labrarlo para facilitar que las semillas crezcan. Nos permitirá organizar la mente y nos ofrecerá herramientas con las que escoger estrategias virtuosas para su gestión. Es decir, el mindfulness no se puede quedar en sí mismo, como mera observación del aquí y ahora, sino que, irremediablemente, debe llevar a una acción.

6. Surfeando
las emociones positivas

Un objeto bello no tiene ninguna cualidad intrínseca que sea buena para la mente, ni un objeto feo cualquier poder intrínseco para perjudicarla. Hermoso y feo son solo proyecciones de la mente. La capacidad de causar la felicidad o el sufrimiento no es una propiedad externa del propio objeto. Por ejemplo, la visión de un individuo en particular puede causar felicidad a una persona y sufrimiento a otra. Es la mente la que atribuye esas cualidades al objeto percibido.

DILGO KHYENTSE RINPOCHE

Los seres humanos añoran su liberación de la miseria, pero corren para atraparla. Ellos añoran la alegría, pero en su ignorancia, la destruyen, como lo harían con un enemigo que odian.

SHANTIDEVA

Sostener y cuidar lo hermoso

El segundo constituyente del bienestar humano se refiere a la capacidad de detectar y mantener las emociones positivas en el tiempo. La evidencia científica indica que experimentar emociones positivas es una fortaleza humana fundamental, así como lograr alargar su presencia resulta clave para el bienestar. En este capítulo, nos plantearemos algunas preguntas: ¿para qué sirven las emociones positivas y cuánto duran?, ¿podemos hacer algo para que duren más?, ¿podemos dejar de hacer algo para no boicotearlas?, ¿qué habilidades podemos aumentar en relación con nuestras fortalezas personales? Además, hablaremos de cómo aumentarlas mediante el saboreo de la gratitud, o a través del trabajo mediante fortalezas personales.

Muchos podemos sentir que cuando estamos entre amigos, en una celebración, o sencillamente disfrutando de un momento de paz, los problemas que un instante antes nos podían estar atenazando, ahora, tienen un matiz diferente. También, es muy probable que seamos amables o ayudemos a un desconocido si instantes antes estábamos sintiendo equilibrio, serenidad o sencillamente amor, ya que ese es precisamente el poder de las emociones positivas y la importancia de su cultivo. Dentro de la metáfora del jardín, mantener las emociones positivas sería como cuidar una flor, poder alargar en el tiempo ese momento de bienestar que hemos detectado. Como un surfista, que cuando coge una ola no pretende que cambie su dirección, sino lograr mantenerse en pie el tiempo suficiente como para que la ola le lleve a la orilla, alargando todo su potencial.

¿Para qué sirven las emociones positivas?

La emoción se puede conceptualizar como la tendencia a una respuesta multidimensional (que incorpora un nivel de tensión muscular, segregación hormonal, cambios cardiovasculares, expresión facial, el procesamiento de la atención y la cognición y otros factores) que se despliega en un espacio relativamente corto de tiempo y que supone una reacción subjetiva al ambiente, acompañada de cambios orgánicos.[1] Por lo tanto, la emoción positiva se definiría como la tendencia de la citada respuesta multidimensional en respuesta a estímulos agradables.

En general, las emociones negativas se han considerado directamente relacionadas e implicadas en la supervivencia del individuo y de la especie. En cambio, durante mucho tiempo, no ha quedado clara la función que tenían las emociones positivas y su investigación se ha relegado a un segundo plano. Estas emociones tienen una función clave, ya que expanden los intereses de las personas a un rango más amplio de posibilidades, fomentando el aprendizaje y la adquisición de habilidades nuevas. Aunque no están ligadas directamente con la supervivencia, son de gran utilidad para la exploración y manipulación del mundo que rodea a la persona.

En consecuencia, las emociones cumplen una función adaptativa (preparan para la acción), una función social (comunican experiencias, informan de nuestros estados a los demás) y una función motivacional (deseo de actuar y construir). Además, otro aspecto clave es que las emociones positivas pueden aumentar las posibilidades de generar una mente virtuosa. Barbara Fredrickson de la Universidad de Carolina del Norte (EE.UU.) y una experta en el área de la psicología positiva ha desarrollado la teoría de la ampliación y construcción de las emociones positivas, por la que sugiere que las emociones positivas aumentan la capacidad de detectar soluciones para los problemas, nos ayudan a actuar de forma más creativa frente a los retos cotidianos, expanden las posibilidades de acción y mejoran los recursos físicos.[2]

Otro aspecto clave es que las emociones positivas predicen y aumentan las acciones virtuosas, como la conducta prosocial o la generosidad. En el entrenamiento EBC, no se busca alargar las emociones positivas exclusivamente desde una perspectiva hedonista, sino como medio para lograr una mente equilibrada y virtuosa. Las personas con un bienestar más elevado es más probable que realicen algún tipo de voluntariado;[3] e incluso se ha mostrado que cuando realizamos una inducción de un estado emocional positivo en un laboratorio (ver un vídeo o hacer una tarea) aumentamos la probabilidad de realizar acciones generosas.

Un estudio muy interesante para el modelo propuesto aquí se realizó con la emoción de asombro. Se analizó el efecto de ver un vídeo con escenas de una naturaleza majestuosa, para inducir una emoción de asombro, frente a otro tipo de vídeos (condición control). Posteriormente, se preguntaba si habían sentido que su ego se «empequeñecía» frente a este escenario. Al terminar esta inducción emocional, jugaban una partida en el paradigma experimental del juego del dictador, en el que el participante se enfrenta al dilema de ayudar a otro jugador que ha sufrido una injusticia. Los resultados confirmaron que la emoción de asombro aumentaba la probabilidad de ser generoso; y lo más interesante fue que el resultado estaba mediado por la sensación de «empequeñecimiento del ego».[4]

Clasificación de las emociones

Existen múltiples sistemas de clasificación de las emociones, pero nosotros nos basaremos en un sistema bidimensional bastante aceptado, que entiende que las emociones se pueden clasificar por la valencia afectiva (afecto positivo o afecto negativo) y por el nivel de activación (alto o bajo). Como norma, el afecto positivo genera conductas de aproximación y apertura a la experiencia, y el afecto negativo genera conductas de evitación y defensa. En la figura 6.1 se puede observar que esta clasificación bidimensional nos da la posibilidad de ordenar las emociones y los estados afectivos en un abanico que podríamos reducir a cuatro tipos: las placenteras activadas, las placenteras desactivadas, las displacenteras activadas y las displacenteras desactivadas.

Figura 6.1. Modelo de afectividad positiva y negativa, y nivel de activación[5]

Tomando solamente el ámbito de la valencia de afectividad positiva, nos gustaría proponer la clasificación que realiza Barbara Fredrickson de las emociones positivas más representativas. A continuación, para ilustrarlo, citamos las diez emociones positivas y, posteriormente, las presentamos con una breve explicación: alegría, gratitud, serenidad y calma (contentamiento), interés y curiosidad, esperanza, orgullo y confianza en uno mismo, diversión, inspiración, asombro y absorción, y amor.

- La alegría es la emoción primaria menos estudiada, y su definición ha resultado ser muy complicada para los especialistas.[6] Johnmarshall Reeve de la Universidad de Korea la define como el sentimiento positivo que surge cuando la persona experimenta una atenuación de su malestar, cuando consigue alguna meta u objetivo deseado (cuyo logro puede darse mediante el factor sorpresa), o cuando se tiene una experiencia estética agradable.[7] Por lo tanto, es una emoción que puede dirigir al sujeto hacia el juego, la expansión, la creatividad o la conexión con el otro.

- La gratitud consiste en darse cuenta de, y sentirse agradecido, por las cosas buenas que suceden en la vida, así como tomarse el tiempo necesario para expresar dicho agradecimiento.[8] Es una emoción positiva que se relaciona con la satisfacción con la vida, el optimismo, la conducta prosocial, la longevidad, la apertura a la experiencia, así como a bajos niveles de ansiedad, neuroticismo y depresión. Además, desempeña un papel clave en la creación y el mantenimiento de relaciones sociales funcionales y humanizadoras.[9] Por su importancia en el bienestar, más adelante le dedicaremos un apartado en este mismo capítulo.

- La serenidad (también entendida como contentamiento) emerge cuando el sujeto interpreta sus circunstancias actuales como adecuadas o satisfactorias. Por lo tanto, las personas experimentan serenidad cuando se sienten a gusto o en conexión con lo que están viviendo, pudiendo surgir la tendencia a saborearlo.[10]

- La curiosidad y el interés suponen un estado motivacional/emocional positivo asociado con la exploración.[11]

En un lenguaje cotidiano, la gente tiende a utilizar la palabra curiosidad para sucesos y situaciones venideros y la palabra interés, para situaciones actuales.

- La esperanza se puede entender como «la expectativa de que algo deseado va a suceder, más allá de la situación específica en la que nos encontremos»,[12] o como una emoción, en la que el locus de control interno es mayor en el sujeto, tal y como lo define Snyder: «la esperanza implica la conceptualización de metas y el hecho de avanzar hacia ellas».[13] En el programa EBC, este factor es clave, pues sin esperanza no puede haber un plan de implementación del bienestar, ni el conocimiento de qué fortalezas, actitudes y habilidades son necesarias para su desarrollo. Por eso, se trabaja en las primeras sesiones como preparación para el resto del entrenamiento.

- El orgullo es una emoción positiva que surge a partir de acciones y acontecimientos realizados por uno mismo y que son relevantes y congruentes con los valores.[14]

- El divertimento es una emoción que emerge cuando algo inesperado o incongruente te hace reír o te hace estar entretenido. Es una emoción eminentemente social y la sorpresa o lo inesperado es divertido siempre que suceda en contextos no amenazantes y, por definición, en ambientes no serios.[15]

- La inspiración es una emoción muy interesante en la que deben darse tres características básicas para que surja: 1) la trascendencia, en el sentido de que cada persona detecta una nueva o mejor posibilidad, 2) la evocación o receptividad para sentirse inspirado por algo o alguien, y 3) una motivación de aproximación para desarrollar esa nueva idea o visión en algo fructífero.[16]

- El asombro es una emoción compleja, caracterizada por sentimientos intensos de sorpresa, maravilla y conexión, que emerge cuando nos enfrentamos a algo que trasciende nuestros esquemas previos. Se puede activar frente a fenómenos naturales, como un cielo muy estrellado o al ver un paisaje desde la cima de una montaña. Actualmente, su estudio está teniendo mucho interés, ya que se ha visto que posee un gran potencial de transformación; por ejemplo, se ha observado cómo incrementa la generosidad o reduce los actos violentos.[17]

- Finalmente, para hablar del amor nos referiremos al amor bondadoso (*metta*) cultivado en la tradición contemplativa budista. *Metta* se puede definir como el deseo o la aspiración a ser feliz de la manera más genuina e integradora que nos podamos imaginar.[18] Ampliaremos información sobre esta emoción en los capítulos 7 y 8.

De acuerdo con el modelo de los cuatro constituyentes, planteado por Davidson, la manera de estudiar las emociones que más aporta a la comprensión del bienestar se sitúa en el marco de la cronometría afectiva. De esta forma, podremos entender qué factores entran en juego a la hora de sostener las emociones positivas en el tiempo. Davidson define esta área de estudio como la comprensión de las dinámicas temporales de la respuesta emocional y de los parámetros específicos, como el tiempo en que se alcanza el pico emocional o la duración de este. Se ha visto que no hay diferencia en la activación de las áreas cerebrales relacionadas con la recompensa al comparar sujetos deprimidos y no deprimidos. Sin embargo, cuando se examinó la capacidad para mantener la activación del núcleo *accumbens* (grupo de neuronas relacionadas con el sistema de recompensa), las diferencias fueron significativas entre los dos grupos. Dicho de otra forma, el problema en los sujetos deprimidos no es tanto que no experimentan emociones positivas, sino que su cerebro no es capaz de sostenerlas/mantenerlas en el tiempo.[19] Muchas veces, la persona excesivamente pesimista, o con tendencia a la depresión, aborta o boicotea la emoción positiva derivada de un estímulo placentero. Veremos con mayor profundidad este aspecto relacionado con el boicot de las emociones positivas en este mismo capítulo.

Asimismo, se ha visto que en las personas a las que se les enseñaban imágenes positivas, y que como respuesta se activaba de manera sostenida el estriado ventral y el córtex prefrontal dorsolateral derecho (relacionado con la memoria de trabajo, la atención y con la capacidad de regulación emocional), puntuaban más alto en bienestar eudaimónico (el tipo de bienestar que no está tan relacionado con circunstancias externas) y poseían una respuesta al estrés más adaptativa. Por lo tanto, parece que la capacidad de activar de manera sostenida el circuito cerebral de recompensa (córtex prefrontal medial-núcleo *accumbens*) es un protector, tanto para los problemas a nivel de estado de ánimo, como en la gestión del estrés. Las preguntas que nos hacemos en la actualidad son las siguientes: ¿se puede aprender a activar de manera sostenida el circuito de recompensa? y, de ser así, ¿qué margen de mejora tenemos los humanos a la hora de aprender a sostener las emociones positivas?

Hay varios focos emocionales a los que podemos prestar atención, ya que de ellos se pueden derivar emociones positivas. Según hacia dónde se dirija el foco emocional (objetos materiales, actividades, el yo o los otros), el tipo, la calidad y el impacto de la emoción positiva en el bienestar del sujeto será diferente. En la tabla 6.1 presentamos un esquema de cómo y según a qué foco emocional se preste atención emergerá un tipo de fuente emocional diferente.

FOCO	FUENTE
Cosas y su significado	Emociones positivas experimentadas en respuesta a un objeto o a los significados a los que lo asociamos.
Actividades	Emociones positivas experimentadas en respuesta a una actividad y a las habilidades para su realización.
Yo	Emociones positivas experimentadas en respuesta a cambios en nosotros mismos.
Otras personas (seres vivos)	Emociones positivas evocadas por los efectos de las actividades de otras personas.

Tabla 6.1. El foco emocional y posibles fuentes de emociones positivas (adaptado de Fernández-Abascal)[20]

Las emociones positivas han estado en el centro del estudio del bienestar psicológico desde los orígenes. Uno de los principales investigadores en el tema, Ed Diener de la Universidad de Illinois, definió el bienestar subjetivo como el resultado combinado de diferentes componentes: niveles altos de afecto positivo, niveles bajos de afecto negativo y satisfacción con la vida.[21] Algo similar a lo que encontramos en el modelo PERMA de Martin Seligman,[22] donde la P se refiere a emociones positivas.

Barbara Fredrickson y Marcial Losada desarrollaron una hipótesis que sugería que el bienestar psicológico responde a una determinada ratio emocional. A través de análisis matemáticos muy sofisticados, encontraron que las personas que florecen (*flourishing*) se diferencian de aquellas que languidecen (*languishing*), ya que en la ratio entre emociones positivas y negativas, la diferencia era de 2,9013 emociones positivas por cada negativa.[23] Pese a que este estudio fue muy criticado a nivel metodológico y generó una agria polémica en el área, los resultados van en la línea de lo propuesto en el EBC: las emociones positivas y su duración, así como la gestión de las negativas, son claves para el bienestar, aunque hacen falta más ingredientes.

Uno de los estudios más citados en la investigación sobre emociones positivas es el denominado como «estudio de las monjas». Un grupo de científicos de la Universidad de Kentucky quisieron investigar el efecto de los estilos de vida sobre la enfermedad de Alzheimer, mediante un estudio longitudinal.

Para ello, ¿qué mejor que estudiar la vida de una comunidad monástica católica femenina? El trabajo mostró datos muy interesantes sobre la enfermedad, pero también, y por casualidad, se consiguió otra información de alto impacto en las investigaciones de la época. En su trabajo en el monasterio, los científicos encontraron una serie de cartas autobiográficas que las monjas habían escrito antes de entrar al convento (sobre los 22 años). Al analizarlas, se dieron cuenta de que estas cartas eran muy diferentes entre sí, ya que, mientras unas tenían mayoritariamente palabras de tono afectivo positivo, en cambio había otras donde predominaban las de tono afectivo negativo. Una vez cotejados los textos y comparados los datos, encontraron que el número de palabras de tono afectivo positivo podía predecir la longevidad 60 años después.[24]

El estudio de la relación entre emociones positivas y salud es fascinante, ya que el impacto es mucho mayor del esperado. No solo se observa un efecto a nivel psicobiológico, que afecta a la respuesta ante el estrés, al sistema inmunológico y al cardiovascular, sino que también aumentan los vínculos sociales y se facilitan los hábitos de vida saludables.[25] Por ejemplo, la satisfacción con la vida predice la adherencia a los tratamientos médicos, la toma de decisiones sabias, el porcentaje de tiempo en que se realiza actividad física, la dieta saludable o el consumo de tabaco.[26] Curiosamente, las personas felices buscan, asimilan y recuerdan más información sobre los riesgos para su salud.[27] Aunque siempre hay que tener mucha cautela con estas investigaciones, pues se corre el riesgo de que sean malinterpretadas por charlatanes que venden pseudoterapias basadas en pensamientos positivos o felices para el tratamiento del cáncer y otras enfermedades.

Toda esta investigación nos dirige nuevamente a una pregunta clave: ¿se puede entrenar la capacidad de aumentar y sostener las emociones positivas? Dos de las estrategias que se han mostrado eficaces son la práctica del mindfulness y la de saboreo o disfrute, observándose que cada uno de estos constructos desempeñan un papel diferencial en su relación con las emociones positivas.[28]

El saboreo de las experiencias positivas

El saboreo (*savoring*) es una técnica desarrollada por Fred Bryant, psicólogo social de la Universidad de Loyola en Chicago, que implica la habilidad de intensificar y prolongar los sentimientos positivos de forma deliberada, incrementando la toma de consciencia (*awareness*) y la apreciación de las experiencias positivas.[29]

Al igual que sucede con el mindfulness, la capacidad de saboreo difiere de una persona a otra, y es susceptible de ser entrenada, ya que tiene un componente rasgo que es temperamental y un componente estado, fruto de la práctica concreta. Cuando se practica el saboreo enfocamos la atención en las experiencias positivas, mientras se interviene para modificar los pensamientos y las conductas, de manera que se intensifiquen

Figura 6.2. Mapa conceptual de la definición y del carácter bidimensional del saboreo entendido como una habilidad susceptible de ser entrenada

y prolonguen los sentimientos positivos.[30] A nivel neurocientífico, se ha detectado que los correlatos neurales del saboreo están asociados con una activación sostenida del estriado ventral y con una conectividad sostenida entre la corteza prefrontal y el estriado ventral (el circuito de recompensa del que hemos hablado anteriormente).[31] En la figura 6.2 se presenta un mapa conceptual.

El ámbito de la regulación de las emociones negativas (o emociones difíciles) está mucho más asentado en la psicología lega; en cambio, la población general no se encuentra tan familiarizada con la comprensión de las emociones positivas como regulables. Así como el afrontamiento es una estrategia eficaz a la hora de regular las emociones negativas o difíciles, el saboreo se muestra como una estrategia eficaz a la hora de regular las emociones positivas. A este fenómeno, se le ha denominado el símil entre afrontamiento y saboreo. Simplificando, tenemos bastante integrado en nuestra sociedad que es posible aprender a gestionar de manera más funcional las situaciones estresantes o problemáticas, pero nos falta entender que también tenemos un margen para aprender a gestionar de manera más habilidosa las experiencias positivas, que emergen en nuestra vida; de esto último trata el saboreo o disfrute.

Muchas veces, en los entrenamientos de EBC nos dicen que intentar intervenir sobre las emociones positivas alargándolas es «artificial», como inventarse una realidad que no existe, o incluso manipular la experiencia. En cambio, ¿no es igual de artificial intervenir y alargar las negativas?, ¿qué tiene de natural seguir enfadado dos horas después de una discusión de tráfico? De hecho, se ha observado que las personas con mayor autoestima saborean los sentimientos positivos y utilizan estrategias para mejorar y mantener un buen estado de ánimo. En cambio, las personas con baja autoestima amortiguan los sentimientos positivos al silenciarlos deliberadamente o distraerse de ellos. Asimismo, aunque resulte sorprendente, algunas personas con depresión tienen la tendencia a utilizar estrategias de regulación emocional que mantengan o incrementen su nivel de tristeza.[32] Los autores de este estudio proponen la hipótesis de que necesitamos sostener una visión consistente de nosotros mismos y que alimentamos las emociones que son coherentes con esta visión. Por esta razón, en el EBC trabajamos desde el cambio en la perspectiva del self, ya que entendemos que es esencial para transformar aspectos implícitos de nuestro funcionamiento mental.

Se han explorado tres componentes del saboreo, partiendo de una perspectiva temporal: el saboreo centrado en el futuro, el saboreo mediante la rememoración del pasado y el saboreo del momento presente.[33] En este sentido, podemos hablar de tres tipos diferentes de intervenciones basadas en el saboreo:

a) Las intervenciones para aprender a saborear el pasado; por ejemplo, pensar sobre sucesos biográficos positivos del pasado o la reminiscencia positiva. Pongamos por caso que imaginamos la risa de un familiar que estimamos mucho, automáticamente, es probable que eso nos lleve a generar una emoción positiva.

b) Las intervenciones para aprender a saborear el presente, como el incremento de estrategias para saborear la cotidianidad o entrenar un enfoque atencional positivo; por ejemplo, paladear un alimento, observar un paisaje, u oler una flor.

c) Las intervenciones basadas en el saboreo del futuro, como el ejercicio del mejor yo posible. Así, podemos saborear las vacaciones que ya tenemos contratadas para el verano, pensando en el placer que sentiremos frente a la playa, con el olor a mar y la sensación de calor. También, puedo compartir la ilusión que tengo depositada en las futuras vacaciones de verano con mi pareja o hijos, y se ha visto que esto aumenta el nivel de saboreo.

En la tabla 6.2 se presentan algunas de las investigaciones realizadas en el ámbito del saboreo estructuradas desde una perspectiva temporal.[34]

	Intervenciones
Saboreo del pasado	1. Pensar sobre sucesos positivos del pasado 2. Reminiscencia positiva 3. Recordar tres sucesos positivos del día 4. Disfrutar y reconocer la ayuda de otros 5. Recordar actos recientes de amabilidad
Saboreo del presente	1. Incremento de las estrategias para saborear en la cotidianidad 2. Entrenar un enfoque atencional positivo 3. Sacar fotografías desde un estado de mindfulness 4. Ejercicio diario de saboreo del momento 5. Aumento de la comunicación activa/constructiva
Saboreo del futuro	1. El poder de la imaginación positiva: a corto plazo, a medio o largo plazo (el mejor yo posible) 2. Los beneficios de la escasez

Tabla 6.2. Intervenciones basadas en el saboreo

Asimismo, se categorizaron las estrategias de saboreo en otros tres ámbitos: las estrategias basadas en la cognición o autorrefuerzo mediante el pensamiento (por ejemplo, pensar en lo bien que me sentiré cuando acabe un proyecto que me tiene ocupado mucho tiempo, como escribir un libro sobre psicología positiva contemplativa), las basadas en procesos conductuales (como oler una flor que me encuentro en un jardín que existe entre mi casa y el trabajo, sonreír a desconocidos, dar los buenos días al conductor del autobús), y las estrategias que incluyen procesos tanto cognitivos como conductuales. Para desarrollar o entrenar el saboreo, Bryant y Veroff proponen varias vías que lo facilitan.[35] En la tabla 6.3 se incluye una propuesta con diez estrategias y sus correspondientes descripciones.[36]

Estrategias de saboreo	Descripción
Compartir con otros	Incluir a otros en las experiencias de saboreo o comunicar a otros experiencias y sentimientos positivos.
Crear recuerdos	Crear y almacenar de manera activa recuerdos sobre experiencias positivas para, posteriormente, rememorarlos.
Autofelicitaciones	Reconocer y celebrar los logros personales.
Profundización sensorio-perceptiva	Enfocar la atención en estímulos específicos para apreciar las experiencias positivas con mayor profundidad.
Comparar	Comparar experiencias positivas con situaciones menos favorables.
Absorción	Inmersión completa en las experiencias positivas.
Expresión conductual	Demostrar físicamente las emociones positivas, como reír, aplaudir o abrazar.
Toma de conciencia temporal	Dirigir la atención plena en el presente y darse cuenta de la fugacidad de las experiencias positivas.
Contar bendiciones	Considerar y apreciar con gratitud las experiencias positivas que suceden.
Evitar el pensamiento boicoteador	Limitar o gestionar los pensamientos que reducen o anulan las experiencias positivas, por ejemplo, los pensamientos que señalan que la experiencia podía haber sido mejor.

Tabla 6.3. Descripción de diez tipos de estrategias de saboreo

Para ilustrar y hacer más entendible la estrategia del saboreo, proponemos una lista aleatoria que sirva de ejemplo sobre experiencias u objetos donde podamos aplicarla.

- La belleza de la naturaleza: paisajes, atardeceres, arco iris, un árbol cerca de tu casa...
- El tiempo que pasas con seres queridos, el calor y apoyo de los amigos, la inocencia de los niños pequeños, la sabiduría de la gente mayor, las habilidades de los colegas del trabajo, la amabilidad de desconocidos...
- Un buen libro, una buena película, un juego divertido, un gran concierto de música, una obra de arte inspiradora, una conversación interesante...
- Placeres sencillos como un abrazo, una sonrisa, las sabanas recién cambiadas, una buena ducha caliente, las primeras fresas o cerezas en primavera...
- Logros personales, celebraciones, ocasiones especiales como los cumpleaños, bodas, aniversarios...

El saboreo depende hasta cierto punto, de manera notoria, de los cinco sentidos, si bien es verdad que hay conductas de saboreo más conceptuales y cognitivas, como leer un poema, resolver un jeroglífico, o paladear un descubrimiento intelectual. A grandes rasgos, conviene comenzar a entrenar las habilidades de saboreo en experiencias basadas en el ambiente externo y, en ese caso, los cinco sentidos desempeñan un papel determinante.

Una práctica que solemos proponer en el programa EBC es el ejercicio de «Mis experiencias sensoriales favoritas». En este ejercicio, se les pide a los participantes que generen una lista utilizando los cinco sentidos y apuntando sus visiones, sonidos, olores, tacto y sabores favoritos (dos con cada sentido). También, hemos añadido el saboreo del estado mental, porque creemos que es beneficioso que los usuarios vayan aprendiendo a saborear los diferentes estados de la mente, aunque este ejercicio no es tan tangible y requiere un proceso metacognitivo más complejo. En la siguiente tabla puedes apuntar tus experiencias sensoriales y mentales favoritas.

Lo visual (utilizar la vista para admirar algo tan bello como una obra de arte o un elemento de la naturaleza).	1. 2.
Lo auditivo (sonidos de una gran música, cantar en un coro, cantos de pájaro o la lluvia en la ventana).	1. 2.
Lo olfativo (aromas de la naturaleza, olores al cocinar, las fragancias...).	1. 2.
Lo táctil (un abrazo, un masaje, una caricia, un baño relajante).	1. 2.
Lo gustativo (los sabores de la comida).	1. 2.
Los estados mentales (paz, alegría, plenitud).	1. 2.

Tabla 6.4. Ejercicio de autorregistro de «Mis experiencias sensoriales favoritas»

Además, se ha adaptado una versión en forma de meditación guiada para aprender a detectar y sostener experiencias positivas basada en la práctica de «absorber lo bueno» (meditación guiada número 3, http://programaebc.com/recursos/).

Se puede entrenar la capacidad de absorber lo bueno de dos maneras: como una práctica informal, es decir, *in situ* cuando sucede la experiencia positiva (una vez se ha integrado la habilidad, se lleva a cabo durante 10-20 segundos), o también podemos fortalecer esta habilidad mediante la práctica formal basada en la meditación guiada que hemos propuesto. Así, poco a poco, podemos ir cambiando nuestra mentalidad (*mindset*) e ir convirtiendo los estados mentales positivos en rasgos. Para ello, necesitamos invertir algo de tiempo (unos 10-20 segundos) para asimilar las experiencias positivas varias veces a lo largo del día.

Rick Hanson, el científico divulgador sobre ciencia y meditación, plantea tres pasos para asimilar lo bueno, entendido como la interiorización deliberada de las experiencias positivas en la memoria implícita. Aunque con el tiempo y con entrenamiento, los tres pasos tienden a fundirse.[37]

a) Percibir una experiencia positiva

Requiere estar atento a los sucesos que emergen y discriminar aquellos que son positivos. Se puede facilitar esto a través de:

- Prestar atención a las cosas buenas del mundo exterior y dentro de uno mismo. Muy a menudo, vivimos acontecimientos positivos sin que nos demos cuenta. Se podría establecer una meta cada día, como buscar activamente la belleza en el mundo, o los signos de cuidado hacia uno mismo o hacia otros, o nuestras buenas cualidades, etcétera.

• Permitirse sentir placer y ser feliz. Se propone abandonar toda resistencia a sentirse bien consigo mismo y, en vez de ser excesivamente ascético o sentirse culpable por disfrutar de la vida, se estimula la exploración y la curiosidad.

• Abrirse a los aspectos emocionales y sensoriales de nuestras respuestas a los sucesos positivos, ya que ese es el camino para experimentar sensaciones nuevas.

• Hacer cosas deliberadamente con el objetivo de crear experiencias positivas para uno mismo. Por ejemplo, podríamos asumir un reto, o hacer algo bueno por los demás, o llevar a la mente sentimientos de compasión y cuidado.

b) Sostener la experiencia positiva

Se trata de mantener viva esa experiencia durante al menos 5 o 10 segundos e intentar sentirla en el cuerpo. Dejamos que nos llene la mente. Se trata de extender la experiencia en el tiempo y en el espacio, manteniendo la atención en la experiencia positiva todo lo que perdure, sin saltar a otra cosa. En resumen, disfrutar, saborear la experiencia positiva dedicándole algo de tiempo.

c) Impregnarse de la experiencia positiva

Se trata de sentir que la experiencia positiva está empapando el cerebro y el cuerpo, registrándose profundamente en la memoria emocional. Se sugiere visualizar que la experiencia se está derramando e introduciéndose en el pecho, la espalda y el tronco cerebral, inundándolos (como un polvo dorado o como un bálsamo calmante). También, podemos imaginarnos colocando la experiencia, como si fuera una piedra preciosa, en el cofre del tesoro de nuestro corazón. Es preferible mantener el cuerpo relajado, mientras se esté asimilando la experiencia positiva. Finalmente, reconocemos que la experiencia ha pasado a formar parte de nosotros y que es un recurso interno que podemos llevar a donde queramos y, sobre todo, que también está disponible para ofrecérsela a los demás.

La gratitud como estrategia integral para aumentar las emociones positivas

La gratitud es otra estrategia eficaz para el sostén de las emociones positivas, que se complementa perfectamente con el saboreo. En las tradiciones contemplativas, siempre se le ha dado mucha importancia a esta virtud, seguramente por el gran impacto que tiene sobre nuestra tendencia al egocentrismo.

El científico Robert Emmons[38] describe la gratitud como un proceso en dos fases: a) conocer lo que es bueno en tu vida, y, posteriormente, b) reconocer que la fuente de estas cosas buenas está, en gran parte, fuera de ti. Otras definiciones se centran más en señalar que la gratitud ocurre cuando uno percibe que es el beneficiario de algo bueno, particularmente si uno percibe que fue realizado de manera intencionada y benevolente por parte del benefactor.[39]

Sabemos que está asociada con experimentar más emociones positivas y menos emociones negativas en el día a día, con un mayor bienestar psicológico, con menos estrés y síntomas depresivos, y con una mayor satisfacción con la vida. La gratitud también conduce a un buen número de beneficios de tipo social, como al aumento de la sensación de conexión con los otros, a una mayor percepción del apoyo social, o a un menor materialismo. A la vez, pero no menos importante, expresar gratitud puede motivarnos para convertirnos en mejores personas.[40] Este factor está muy relacionado con el cuarto constituyente, la conducta prosocial, la compasión, etcétera.

El concepto de gratitud está muy conectado con otro elemento clave en la filosofía budista, el *pratityasamutpada* o surgimiento interdependiente, que plantea que todos los fenómenos dependen entre sí por relaciones de causa y efecto, de tal forma que todas y cada una de las cosas que nos pasan responden a un contexto que explicaría su aparición.[41] Todos los fenómenos están interconectados y todo lo que existe depende de otros factores previos. Para conectar con este agradecimiento, en el programa EBC se plantea la dinámica de responder a la pregunta de ¿cuántas personas han participado en que estemos hoy aquí?, invitando a los participantes a realizar un listado. Por ejemplo:

- El que está cuidando a mi hija
- La que me cambió el turno de trabajo
- El que me recomendó el curso
- La conductora de autobús que me ha traído aquí
- La persona que gestiona el local donde hacemos la sesión, etcétera.

Ejercicio de registro y saboreo de tres acontecimientos positivos del día

En el programa EBC, para el cultivo de la gratitud y de una especie de reencantamiento con la vida cotidiana, utilizamos un ejercicio de «registro y saboreo de tres experiencias positivas del día». Como su nombre indica, se basa en tomarse un tiempo (alrededor de 3 minutos), al acabar el día, para sentarse tranquilamente y apuntar y saborear tres acontecimientos o experiencias que hayan sido positivas.

Por cuestiones evolutivas de nuestra especie relacionadas con la supervivencia, la mente humana posee la tendencia de detectar lo negativo o problemático (por ejemplo, cuando un hijo le entrega a su padre/madre el boletín de sus notas con nueve asignaturas aprobadas y una sola suspendida, es difícil que la atención del progenitor no se dirija a la asignatura suspendida). Este fenómeno ha sido bautizado por Rick Hanson como el efecto «velcro-teflón», un fenómeno que explica que el cerebro es similar al velcro (se queda pegado) en las emociones negativas y al teflón (se desliza) con las experiencias positivas.

Los objetivos del ejercicio del registro y saboreo de tres acontecimientos del día son los siguientes:

- Aumentar la habilidad de detectar acontecimientos positivos *in situ*, en el mismo momento en el que ocurren.
- Aumentar el propósito y el significado de la vida cotidiana, dando valor a las cosas buenas que suceden.
- Enlazar los acontecimientos positivos del día con la habilidad de saborearlos, primero, de manera artificial al realizar el ejercicio y, posteriormente, tener la capacidad de poder absorber lo bueno *in situ*.
- Aumentar el agradecimiento por los acontecimientos positivos que suceden cada día.

Explicación práctica del ejercicio:

1. Hacia el atardecer o a la noche, detente 5 minutos y toma una libreta y un bolígrafo o algún aparato electrónico con el que puedas escribir (*smartphone*, *tablet*, ordenador…).
2. Escribe la fecha del día y debajo tres cosas buenas/positivas que hayas experimentado. Después de escri-

bir cada una de ellas, dedícate 20-30 segundos a saborear cada una de las experiencias (tal y como lo has realizado en el ejercicio de «absorber lo bueno»).

Cuestiones para tener en cuenta al realizar el ejercicio:

a) Puedes apuntar y saborear tanto pequeñas experiencias cotidianas como grandes sucesos que te hayan ocurrido, aunque lo habitual es lo primero. Por muy nimias o insignificantes que te parezcan algunas de las experiencias positivas de tu vida, apúntalas sin miedo, ya que es parte del ejercicio el hecho de ser habilidoso en detectar experiencias positivas que evoquen emociones positivas de baja intensidad.

b) Censura positiva. En este ejercicio, escribe solamente las experiencias positivas y agradables. Si en un acontecimiento concreto se mezclan experiencias positivas con negativas o problemáticas, céntrate exclusivamente en las positivas. Por ejemplo, si he quedado con un amigo en un bar para tomar algo (siendo este hecho algo positivo) y luego ha aparecido una persona que nos ha molestado (algo negativo), solamente me referiré en este ejercicio al primer acontecimiento, es decir, al hecho de haber quedado con mi amigo.

c) Si se repiten los episodios positivos prácticamente todos los días (como «hoy he comido con mis hijos» se registra casi a diario), podemos centrarnos cada día en estos episodios positivos generales, con el objetivo de detectar ciertas sutilezas o características más específicas. Si se repite el evento del ejemplo de «hoy he comido con mis hijos», lo podríamos reformular como «hoy en la comida con mis hijos hemos tratado el plan para ir al monte este fin de semana, y los he visto ilusionados».

A continuación, proponemos un ejemplo práctico del registro y saboreo de los tres acontecimientos positivos del día:

Fecha	Acontecimientos	Sentidos involucrados
18. 01. 2019	1. La comida que he compartido con mi madre.	Visión, sentido del gusto, olor.
	2. La sensación física después de salir de clase de Pilates.	Experiencia táctil, interocepción.
	3. He recibido un mensaje de Silvia para quedar (hacía meses que no tenía noticias de ella).	Visión.

Tabla 6.5. Registro y saboreo de los tres acontecimientos positivos del día

Orientar la mente hacia las fortalezas y virtudes

En el capítulo 3, ya señalamos la importancia de orientar la mente y cultivar una vida virtuosa mediante diversas conductas y su relación con el bienestar psicológico. En este apartado nos centraremos en cómo ejecutamos esta propuesta en el programa EBC, basándonos en el trabajo de Peterson y Seligman.[42]

Las fortalezas personales son capacidades cognitivas, afectivas, volitivas y conductuales que suponen los ingredientes psicológicos necesarios para desarrollar las virtudes humanas.[43] En este sentido, las fortalezas personales las entendemos como multidimensionales, mensurables (se pueden medir), universales (están presentes en todos los humanos), desarrolladas en diferentes grados y contextos, que pueden ser sobreutilizadas, infrautilizadas o utilizadas incorrectamente. Si bien se han realizado varias clasificaciones, este escrito se centrará en la de las 24 fortalezas personales que realizaron Peterson y Seligman, un trabajo faraónico para desarrollar una clasificación transcultural y de validez universal de las virtudes y las fortalezas personales que las sustentan. Finalmente, este proyecto tomó forma en un manual riguroso y extenso de 800 páginas.[44]

Clasificación de las fortalezas

Las 24 fortalezas se organizan a partir de 6 virtudes universales:

1. La virtud de la sabiduría: incluye las fortalezas de tipo cognitivo para la adquisición y uso del lenguaje, como la creatividad, curiosidad, perspectiva, juicio y amor por aprender.
2. La virtud del coraje: incluye fortalezas emocionales y las que ejercitan la voluntad para alcanzar metas, como la perseverancia, valentía, honestidad y vitalidad.

3. La virtud de la humanidad: incluye fortalezas de tipo interpersonal y de cultivo de las relaciones, como el amor, la amabilidad y la inteligencia social.
4. La virtud de la justicia: incluye las fortalezas cívicas que implican una vida saludable en comunidad, como el trabajo en equipo, la justicia y el liderazgo.
5. La virtud de la moderación: incluye las fortalezas que protegen frente a los excesos, como la capacidad de perdonar, la humildad, la prudencia y la autorregulación.
6. La virtud de la trascendencia: incluye las fortalezas que dan sentido y lo conectan a uno mismo con fuerzas superiores, como la apreciación de la belleza y la excelencia, la gratitud, la esperanza, el humor y la espiritualidad.

Para medir las fortalezas se ha desarrollado el Cuestionario VIA (*The Values in Action Survey of Character Strengths*) de Fortalezas Personales,[45] que también ha sido validado en una muestra española de 1.060 sujetos con resultados parecidos a los encontrados en otros países.[46] En esta validación, se observó que las 24 fortalezas se relacionaban positivamente y de manera significativa con la satisfacción con la vida.

A continuación, se describen brevemente las 24 fortalezas clasificadas en 6 subgrupos.

Virtudes	Fortalezas
Sabiduría	Creatividad: pensar en formas nuevas y mejores de hacer las cosas. Es una fortaleza que facilita nuevas y productivas formas de conceptualizar.
	Curiosidad: interesarse por el mundo, explorar, descubrir, hacerse preguntas, abrirse a nuevas experiencias y actividades.
	Perspectiva: comprender el significado subyacente de las cosas, resolver disputas entre amigos, aprender de los errores.
	Juicio: pensar y examinar todas las posibilidades antes de decidir, consultar a otros, ser flexible al cambio si es necesario.
	Amor por aprender: deseo de conocer y manejar nuevas habilidades. Amor por aprender cosas nuevas, conceptos e ideas.
Coraje	Valentía: no retraerse frente a la amenaza o la dificultad.
	Perseverancia: acabar las cosas que se empiezan, ser capaz de volver a la tarea cuando te distraes y completar tus objetivos.
	Honestidad: mostrarse frente a los demás de forma genuina. Comportarse como una persona genuina y honesta.
	Vitalidad: sentirse lleno de vida y animado.
Humanidad	Amor: valorar las relaciones cercanas con la familia y los amigos.
	Amabilidad: ayudar y cuidar a los otros.
	Inteligencia social: entender y manejarse bien en situaciones sociales (habilidades interpersonales).
Justicia	Trabajo en equipo: ser un buen miembro de un equipo, saber trabajar y ceder en grupo.
	Justicia: tratar a todo el mundo de forma justa.
	Liderazgo: organizar actividades que incluyan a los otros. Ser alguien a quien el resto «sigue».

Virtudes	Fortalezas
Templanza	Capacidad de perdonar: perdonar fácilmente a quien te ofende. No guardar rencor.
	Humildad: no sobrevalorarse uno mismo.
	Prudencia: escoger las acciones a tomar de forma cuidadosa.
	Autorregulación: manejar correctamente emociones y comportamientos.
Trascendencia	Apreciación de la belleza: capacidad de conmoverse por la belleza en la naturaleza, el arte, o en cualquier ámbito de la vida.
	Gratitud: expresar gratitud por las cosas buenas.
	Esperanza: esperar y trabajar pensando que el futuro será bueno.
	Humor: utilizar el humor, tendencia a reír y ver el lado alegre de la vida.
	Espiritualidad: creer que existe un propósito y un significado.

Tabla 6.6. Virtudes, fortalezas y su definición según el modelo de Peterson y Seligman

Actuar de acuerdo con tus fortalezas

En los últimos años, se ha investigado la eficacia de los programas de entrenamiento para reconocer y aumentar las fortalezas personales. Cuando en el capítulo 2 comentábamos el inmenso trabajo realizado por Peterson y Seligman, ya vimos que una de las condiciones para que una fortaleza fuera catalogada como tal era que tenía que contribuir al bienestar psicológico. Por lo tanto, el objetivo de estas intervenciones es precisamente ayudar a la persona a identificar y potenciar sus fortalezas para incrementar el bienestar. Estos entrenamientos suelen incluir psicoeducación sobre las fortalezas personales, así como estrategias para su desarrollo y entrenamiento. Se han mostrado eficaces, tanto en la población en general como en la clínica, así como para el aumento del afecto positivo y el bienestar psicológico.

En el caso del programa EBC, se incluye una sesión específica para evaluar, analizar y debatir estas fortalezas, así como para plantear ejercicios de cara a su entrenamiento. El reconocimiento y el trabajo con las fortalezas permiten el uso de herramientas que identifiquen el plan de implementación a fin de aumentar el bienestar, como ya habíamos comentado en el capítulo 4.

En la sesión de fortalezas, se plantean una serie de ejercicios adaptados del trabajo de Tim Lebon[47] y Tayyab Rashid.[48] Lo primero que se les pide a los participantes es que detecten qué fortalezas creen que tienen desarrolladas (esto se puede realizar mediante ejercicios de autorreflexión o mediante un cuestionario específico). Para ello, deben responder al cuestionario VIA, a través de la página web www.viacharacter.org, de manera gratuita. Una vez realizado el cuestionario, el usuario obtiene las cinco fortalezas más destacadas en su personalidad en ese momento. A partir de ahí, y ya con estas cinco fortalezas principales detectadas se realizan diversos ejercicios.

En el primer ejercicio, se invita a los participantes a realizar un conteo y, posteriormente, a compartir las fortalezas de los miembros del grupo. Es una actividad grupal en la que se realiza un recuento de las fortalezas de todo el grupo. El procedimiento es el siguiente: el instructor va pidiendo a los miembros del grupo que señalen sus cinco fortalezas principales (obtenidas vía cuestionario) y se van apuntando en una pizarra, después se hace un sumatorio de cada fortaleza. Habrá fortalezas que estén muy presentes (que se encuentran entre las cinco fortalezas principales de varios miembros del grupo) en un grupo concreto, mientras que otras fortalezas no destacarán tanto.

Por ejemplo, hemos comprobado (D) curso tras curso que entre el alumnado del grado de Educación social destaca la fortaleza de la justicia, mientras que en el resto de los grados estudiados (psicología, pedagogía y filosofía) no suele ser una fortaleza que destaque especialmente. Por último, se plantea un pequeño debate sobre las implicaciones del hecho de compartir las fortalezas a nivel grupal. Con este ejercicio, lo que buscamos es la participación del grupo a la hora de compartir las fortalezas personales de cada miembro. Este tipo de actividad suele ser de utilidad para generar un cierto sentimiento de pertenencia, a la vez que sirve para detectar las fortalezas potenciales del grupo. En cuanto a las fortalezas personales, los grupos difieren unos de otros; así pues, el conocimiento de este fenómeno puede resultar muy eficaz a la hora de plantear diferentes dinámicas y proyectos grupales.

En un segundo bloque de ejercicios se lleva a cabo una autorreflexión, por medio de diferentes preguntas, con respecto a las fortalezas principales propias. Las siete preguntas sobre las que reflexionan y tratan de responder son las siguientes:

a) ¿Te parecen coherentes los resultados obtenidos en el cuestionario VIA? ¿Encajan con tu forma de ser?

b) ¿Cuál ha sido la primera reacción al ver tus cinco fortalezas?

c) Trata de localizar dos acciones en el pasado en las que hayas desarrollado estas fortalezas (dos acciones por fortaleza).

d) ¿Crees que hay alguna fortaleza que falta entre las cinco primeras?

e) Trae a la memoria, en todo tu recorrido de vida, una época en la que te ha ido muy bien, un buen recuerdo: ¿qué fortalezas estaban presentes?

f) Trae a la memoria, en todo tu recorrido de vida, una etapa difícil en la que no te ha ido muy bien: ¿qué fortalezas echaste en falta?

g) Imagina a una persona o a un personaje histórico que sea una figura referente para ti, o que sea un ser que represente alguna de las virtudes que deseas cultivar. Posteriormente, analízalo y describe las fortalezas que observas en él o ella.

Con este segundo bloque de ejercicios basado en preguntas, lo que queremos obtener es una reflexión más profunda y sosegada respecto a las fortalezas personales. Para ello, se realiza un análisis individual de las propias fortalezas, desde diferentes vertientes. Las personas no tenemos solo fortalezas, variamos de acuerdo con el grado de conciencia de estas fortalezas, incluso se ha visto que tenemos cierta «ceguera» sobre las fortalezas propias (*strengths blindness*).[49] Es decir, que las fortalezas se pueden dividir entre las que nos damos cuenta de que las tenemos y de las que no somos conscientes. Las fortalezas de las que nos damos cuenta suelen ser muy utilizadas, beneficiosas y activadoras cuando se utilizan. En cambio, aquellas de las que no somos conscientes generan beneficios, pero es poco frecuente que las despleguemos. Por ejemplo, si yo sé que mi fortaleza más importante es la curiosidad, es más fácil que me involucre en actividades que estimulen esta curiosidad, o que utilice esta fortaleza para ayudarme a regular momentos de vulnerabilidad, que si no soy consciente. Los ejercicios y las preguntas propuestas en esta sección ayudan a conocer y desarrollar las fortalezas existentes en nuestro cuerpo/mente.

En un tercer ejercicio, trabajamos la habilidad de detectar fortalezas en otra persona y lo llevamos a cabo mediante un familiograma o genograma de fortalezas. Este instrumento permite valorar la dinámica, la composición, la estructura, el tipo de familia, las relaciones, los papeles que asumen y el ciclo evolutivo por el que está pasando la familia en un momento determinado. En nuestro caso, nos centramos exclusivamente en la detección de las fortalezas de los miembros de la familia (mascotas incluidas). Si, por diferentes motivos, al usuario le resulta más atractivo realizar un genograma de otro grupo (por ejemplo, un grupo de amigos...), lo puede realizar sin ningún problema. Se trata, sobre todo, de ser habilidosos en detectar fortalezas en personas con las que convivimos bastante tiempo. Los pasos son los siguientes:

1. Detectar tres fortalezas personales en cada miembro de la familia (también se puede utilizar otro contexto: el grupo de amigos, los compañeros de piso, etc.).
2. Realizar un familiograma/genograma en un folio con las tres fortalezas principales de cada miembro de la familia/grupo (en la figura 6.3 tienes el ejemplo de un familiograma real que quizá te resulte de ayuda).

En cuanto a los objetivos de este ejercicio, se ha visto que el reconocimiento y la estimulación de las fortalezas en las relaciones significativas están asociados con el aumento de la satisfacción en ellas, tanto en las relaciones de pareja como en las relaciones de amistad.[50] Conocer, apreciar e incentivar las fortalezas de las personas con las que se comparte la vida puede derivar en conversaciones interesantes o en actividades sobre las propias fortalezas que deriven en una mayor cercanía afectiva. A continuación, proponemos un ejemplo que puede servir para ilustrar un ejercicio tipo del genograma de las fortalezas realizado por una mujer llamada Arantza (figura 6.3).

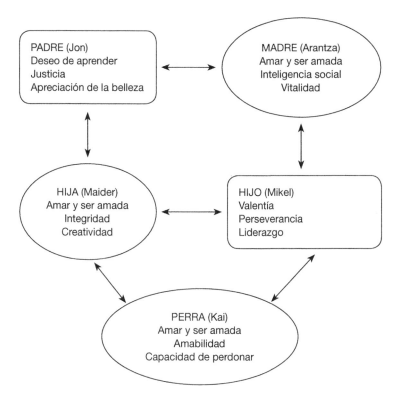

Figura 6.3. Ejemplo de genograma de las fortalezas de su familia que realizó Arantza

¿Cómo bloqueamos nuestras emociones positivas?

Nos gustaría subrayar que el cultivo de emociones positivas no implica exclusivamente la capacidad de detectar y sostenerlas, también depende de si las bloqueamos o no. Podemos bloquearlas o boicotearlas por diversas razones; por ejemplo, algunas personas valoran las emociones positivas como peligrosas o que nos pueden dañar, percibiendo que aumentan la probabilidad de que algo malo pase a continuación. Algo así como que las emociones positivas siempre nos llevan a un episodio de malestar mucho peor, como si nos subiéramos a una montaña rusa y todo lo que subimos lo tuviéramos que bajar a gran velocidad. También se ha observado que hay personas que las sienten como algo incómodo, como algo de lo que hay que desconfiar, como frívolas (falsas y que nos alejan de una visión correcta de la verdad), como inductoras de pereza o conformismo, o sencillamente podemos creer que no nos merecemos sentirnos bien (puede suceder cuando surgen emociones positivas en un proceso de duelo), etcétera[51] y, por consiguiente, utilizaremos lo que se han llamado «estrategias de amortiguación» de las emociones positivas.[52] Se han identificado las siguientes estrategias:

- La supresión: reprimir u ocultar emociones positivas debido a timidez, sentido de modestia o miedo. Imagina que estás en la calle y oyes a un músico callejero tocando tu canción favorita y te entran ganas de bailar, pero te dices: «¿cómo me voy a poner a bailar en la calle delante de desconocidos?».
- La distracción: mediante la participación en actividades y pensamientos (a menudo preocupaciones) no relacionados con el suceso positivo. Por ejemplo, un atardecer bonito que no percibes por estar pensando en otras cosas o mirando el teléfono.

- La búsqueda de fallos: prestar atención a los elementos negativos de situaciones positivas, o enfocarse en lo que podría ser aún mejor. Un domingo, mientras lo disfrutas con las amigas y piensas: «¿por qué no puedo estar siempre así de feliz?», o «mañana tengo que volver al trabajo... ¡vaya fastidio!».

- Viajes mentales negativos: reminiscencias negativas, como reflexionar sobre las causas de un suceso positivo con énfasis en la atribución externa y las anticipaciones negativas de sus consecuencias futuras: «esto que me ha pasado es pura casualidad, a mi normalmente me sale todo siempre mal».

- Emociones secundarias negativas: muchas veces las emociones generan otras secundarias, que enturbian y confunden el proceso de detección y regulación. Por ejemplo: «me siento culpable de estar tan bien».

Las emociones positivas en el EBC

Para el modelo EBC es fundamental que este constituyente se explique bien, ya que es fácil que confundamos el alargamiento de las emociones positivas con un hedonismo superficial o, incluso, con un apego a esas emociones. Es esencial entender que las emociones positivas no son el objetivo del entrenamiento (una vida en la que solo hubiera emociones positivas o fueran demasiado intensas no sería sostenible ni equilibrada), sino el medio para lograr una transformación del egocentrismo.

Entendemos que una mente guiada por emociones positivas es más probable que se comprometa con acciones virtuosas (como la generosidad o la conducta prosocial), generando una retroalimentación al sistema, a través de más emociones positivas, para que su adecuada gestión nos acerque a una versión de nosotros mismos en el futuro, teniendo un bienestar equilibrado y sostenible.

El conocimiento de cómo boicoteamos las propias emociones positivas es clave si queremos aprender a surfearlas. De hecho, y yendo un poco más allá de uno mismo, es fundamental saber reconocer esos mecanismos, para escoger mantener la emoción positiva, como si fuera un bien preciado, como un regalo que nos hace ser mejores personas (que no solo es tuyo, sino que lo vas a entregar a los demás). Este módulo se entrena a través de tres familias diferentes de prácticas: mediante la técnica del saboreo (y su correspondiente meditación: «Meditación para absorber lo bueno»), trabajando el agradecimiento, y estudiando y analizando las virtudes y fortalezas de cada uno.

7. Recuperarnos de la adversidad: ¿cómo se regulan las emociones negativas?

Las emociones aflictivas dictan nuestra existencia, dictan nuestro estado de ánimo, nuestra vida, nuestro mundo. Hoy en día somos esclavos de nuestras aflicciones; en realidad, el problema principal es la ignorancia de no saber quiénes somos, no conocer la esencia de nuestra mente, no comprender exactamente la naturaleza de las cosas.

Lama Rinchen Gyaltsen

Frenando la tormenta

La vida está llena de momentos difíciles, conflictos y temores, en los que las emociones determinan y guían la experiencia vivida. Comprender la funcionalidad de las emociones negativas, su desarrollo y regulación es algo fundamental que se puede lograr activando una serie de preguntas clave… ¿Cuánto debe durar una emoción negativa? ¿Es funcional estar triste cuatro días, rumiando constantemente, porque un grupo de personas no ha querido quedar conmigo? ¿Es funcional que después de recibir un ataque de un perro de raza peligrosa, hace 15 años, siga teniendo pavor a todo tipo de perros, incluidos los caniches? La habilidad de regular las emociones negativas nos ayudará a navegar por estos momentos de forma efectiva.

Toda emoción consta de un componente fisiológico (qué siento en mi cuerpo), un componente cognitivo (qué pienso) y un componente conductual (qué hago). A pesar de su enorme utilidad y función, puede que a veces las emociones no sean de ayuda, como cuando nos enfadamos por algo que está fuera de nuestro control, o cuando tenemos miedo de la posibilidad de que algo malo suceda, a pesar de que no tenemos ninguna prueba de que vaya a suceder. Tal y como hicimos con las emociones positivas, abordamos las emociones negativas desde la perspectiva de la cronometría afectiva.

Las emociones negativas, como las positivas, no duran indefinidamente, y, una vez que se generan, la tendencia siempre será volver al estado de origen, a un estado de homeostasis. La rápida recuperación después de estímulos negativos o aversivos es una de las claves en el bienestar psicológico y ha sido identificada por Richard Davidson como el tercero de los constituyentes.

¿Qué es una emoción negativa?

Las emociones tienen una función fundamental en la adaptación, preparan para la acción y tienen una finalidad social. Son respuestas de todo el cuerpo, que señalan los acontecimientos personalmente relevantes y motivacionalmente significativos. Siguiendo la metáfora del jardín que hemos utilizado antes, este constituyente trataría de evitar que nada estropee o dañe la flor, que nada la pueda dañar lo suficiente como para frenar su crecimiento, siguiendo su propia naturaleza y ciclo de vida.

En el capítulo anterior, hemos repasado la función de las emociones positivas, pero... ¿cuál es la función de las negativas? En realidad, las emociones «negativas» no son necesariamente «malas» o «peligrosas», aunque a veces las podamos percibir de ese modo. Lo que conocemos como emociones funcionales primarias (miedo, ansiedad, depresión, ira) sirven para avisarnos y alertarnos ante situaciones internas o externas importantes, y para prepararnos y motivarnos a fin de ofrecer una respuesta.

Cada emoción primaria «negativa» posee una función fundamental relacionada con la supervivencia y con sustratos puramente evolutivos de la especie humana. Por lo tanto, las emociones poseen un valor filogenético y evolucionaron como respuestas adaptativas a los problemas cotidianos. Precisamente por esa función adaptativa, están asociadas a tendencias de acción específicas, que estrechan y focalizan pensamientos y acciones con el objetivo de prepararnos para una respuesta de lucha/huida. Por ejemplo, el miedo es un sistema natural de alarma, una respuesta básica ante lo que nuestro sistema nervioso detecta como peligroso, nos señala la necesidad de actuar o prestar atención ante algún estímulo concreto. Al contrario que las positivas, que amplían el repertorio de acción y aumentan la creatividad y la flexibilidad, las negativas están mucho más dirigidas a la acción y, de hecho, complican la capacidad de sostener las positivas.

La resiliencia psicológica se caracteriza por la habilidad de recuperarse de la emoción negativa, adaptándose a un ambiente cambiante y estresante.[1] Desde una perspectiva neurocientífica, la amígdala, área del cerebro implicada en el miedo y la ansiedad, es clave en la comprensión de la recuperación de emociones difíciles. Las diferencias individuales de una persona a otra en la recuperación de la amígdala pueden desempeñar un papel importante en la resiliencia y en el afrontamiento de emociones difíciles y, por consiguiente, en el bienestar.[2] Las personas que muestran una recuperación más lenta de la amígdala ante imágenes negativas registran una mayor tendencia al neuroticismo, e incluso registran una menor simpatía ante caras nuevas.[3] Aunque pueda resultar sorprendente, marcadores tan subjetivos como el sentido en la vida o la autoaceptación también poseen una relación con la recuperación funcional de las emociones negativas. Se ha detectado que las personas con una percepción mayor de su sentido en la vida y de autoaceptación indicaban una recuperación más rápida ante sucesos negativos.[4]

El propio Davidson señala que es más fácil y requiere menos tiempo y esfuerzo aprender a detectar y sostener las emociones positivas que aprender a recuperarse de las emociones negativas, aunque esto también lo refleja la literatura científica y la experiencia clínica. Es más efectivo centrarse en los estímulos agradables o apetitivos (por ejemplo, saboreo o centrarse en virtudes), en lugar de intentar afrontar o, incluso, disminuir los estímulos aversivos o desagradables, como intentar no pensar en un problema del trabajo.[5]

En la vida, muchas veces nos sucede esto y acabamos completamente enmarañados en rumias o en constantes pensamientos negativos recurrentes como la preocupación o la rumiación, intentando solucionar problemas de tipo interpersonal o laboral mediante un diálogo interno. Ante este tipo de situaciones, cada ser humano hace lo que buenamente puede y lo que ha aprendido a hacer hasta ese momento; por ello, la capacidad de regulación de las emociones negativas en el ser humano es muy amplia y diversa. Antes de entrar a analizar qué es eso de la regulación emocional, nos detendremos en el siguiente apartado para aclarar por qué las denominamos como negativas y si tiene sentido seguir etiquetándolas de ese modo.

¿Realmente son negativas
las emociones «negativas»?

Ya señalábamos, en el capítulo 4, que en la segunda oleada de la psicología positiva se tiene en cuenta la complejidad y el aspecto dialéctico del espectro emocional del ser humano, y se intenta integrar cada estado emocional en un contexto, para conocer si esa emoción es funcional o no, y si lo es a corto o largo plazo. Podemos encontrarnos con emociones que, en primera instancia, pueden parecer positivas, como una respuesta a un enamoramiento, y, sin embargo, sucede que a medio o largo plazo resultan fatales, pudiendo caer la persona en conductas de dependencia interpersonal en la pareja. Este es un ejemplo de cómo una emoción «positiva» puede acabar siendo «negativa», y viceversa. Hay ocasiones en las que lo que parece una emoción negativa, como por ejemplo una época de tristeza excesiva que surge a raíz de una etapa de agotamiento emocional en el trabajo, sin embargo, nos puede dar el punto de introspección y autorreflexión necesarios para comprender que laboralmente no nos sentimos realizados, que simplemente no nos compensa el estrés laboral y el desasosiego diario que vivimos para conseguir un sueldo. A posteriori, ya en otro puesto de trabajo, y con la perspectiva que dan los años, podemos tomar esa etapa de tristeza excesiva como una bendición que nos llevó a realizar cambios más adaptativos en nuestra vida. No obstante, y desde una perspectiva evolutiva, tampoco podemos obviar la peligrosidad de ciertas situaciones dominadas por emociones negativas descontroladas, o que aparezcan con una frecuencia y duración excesivas, derivando en diferentes problemas de salud mental y física.

Por todo ello, quizá la denominación de emociones positivas y emociones negativas no sea la más adecuada. Desde la perspectiva evolutiva citada, no tiene sentido catalogar a emociones como la tristeza, el miedo y la rabia como negativas, pues son emociones que están basadas en la supervivencia del individuo, del grupo y de la especie; por lo tanto, la dialéctica emoción positiva-negativa carece de lógica evolutiva. Quizás, si afináramos un poco más, sería más adecuado denominar a estas emociones como emociones difíciles o emociones con tono afectivo aversivo o emociones displacenteras.

En la tradición budista, no se hace esta distinción, ni siquiera existe el concepto emoción de la misma forma que lo entendemos en la psicología occidental, como un aspecto no racional o conectado con una tendencia a la acción. En esta tradición se habla de *kleshas*, que se ha traducido por emociones destructivas o aflictivas (que incluyen la codicia, el engaño, el engreimiento, la visión sesgada, la duda, el letargo, la inquietud, la insolencia y la imprudencia). Se entiende por emociones destructivas las que distorsionan la realidad e impiden que la mente perciba la verdad tal cual es, llevándola a pensar, hablar y actuar de manera parcial, y también atienden a la motivación que las inspira. Estas *kleshas* se originan como consecuencia o fruto de la ignorancia fundamental, la creencia en la existencia de un self inherente.

Lo que define si son adaptativas o no, no es el tono afectivo, sino la raíz de la emoción y su impacto sobre la conducta.
Una emoción destructiva es aquella que perturba el equilibrio
mental, mientras que la sana es aquella que lo potencia.[6] Por
ejemplo, una emoción positiva como la alegría podría ser destructiva, si tiene una intensidad demasiado elevada, ya que podría perturbar los sentidos, o si es el fruto de una desgracia ajena.

No obstante, entendemos que, tanto en el ámbito de la literatura científica como en el del léxico popular, los términos
emociones positivas y emociones negativas poseen unas implicaciones concretas y que este libro no es el espacio indicado
para rebatirlas o modificarlas. Solamente nos gustaría subrayar
el aspecto dialéctico y complejo que integra ambos conceptos
y cómo las emociones negativas merecen un acercamiento más
centrado en la aceptación y en la comprensión del fenómeno,
más allá de querer suprimirlas lo antes posible.

La regulación de las emociones negativas

Se entiende por regulación emocional cualquier intento im-
plícito o explícito de modificar el curso de una emoción.[7] La
evidencia científica muestra cómo los seres humanos podemos
influir sobre el tipo de emoción, la intensidad, el tiempo que
dura y la cualidad (cómo la vivimos o expresamos).[8] Estos
intentos de modificar la emoción influyen de manera directa
en la forma en que las personas dirigen sus acciones y en cómo

se relacionan con la situación externa, momento a momento. Los pasos que se deberían seguir serían, en primer lugar, identificar si queremos intervenir sobre la emoción que sentimos, y, en caso de que así sea, escoger entre múltiples estrategias para, finalmente, poner en marcha esas estrategias. Esto no siempre sucede de forma consciente, así que podemos regular las emociones de forma explícita o, por el contrario, de forma implícita, como más adelante veremos.

La mayoría de las personas hacemos lo que podemos y sabemos para regular las emociones negativas. A nivel técnico, se puede decir que la regulación de la emoción no es algo positivo ni negativo, es solamente una conducta o un pensamiento que llevamos a cabo para modificar la intensidad y el registro de una emoción concreta, como un intento de reducir el sufrimiento. Lamentablemente, algunos de esos intentos son en vano. Sabemos que hay determinadas estrategias que no son útiles y que, en lugar de acortar la emoción negativa, pueden incluso alargarla, siendo un factor de vulnerabilidad primordial para padecer algunos trastornos mentales. De hecho, determinadas estrategias se relacionan con trastornos emocionales concretos (por ejemplo, la evitación en el caso de los trastornos de ansiedad, o la rumiación, en el caso de los trastornos del estado de ánimo).[9] Como este es un aspecto profundamente cotidiano y tenemos muchas emociones a lo largo de un día, un funcionamiento deficiente a este nivel tiene un gran impacto.

Imaginemos que tenemos una discusión con un compañero de trabajo porque ha tenido una reacción inapropiada en una reunión. Al salir del trabajo se nos presentan diferentes opciones: podemos estar dos horas reflexionando sobre lo ocurrido (rumiación), lo que nos llevará a mantener la emoción negativa más tiempo de lo que el ambiente demanda, o podemos quedar con un amigo y hablar de cualquier otro tema (distracción). También podemos parar cinco minutos y respirar, observando lo que sucede en nuestro cuerpo, mientras sentimos ese enfado (mindfulness), o reflexionar sobre el sufrimiento que subyace a la reacción de este compañero activando sentimientos positivos hacia él (compasión). Puede ser que le demos tantas vueltas que hasta el jefe se entere y eso complique el conflicto, llevando irremediablemente a que nos despidan de forma inmediata (catastrofización). Como podemos ver, la variabilidad es enorme y no siempre la selección es consciente ni la más adecuada. Como ya hemos indicado, el deseo de reducir el sufrimiento y ampliar el bienestar es universal; por esta razón, obviamente, escogeremos aquellas estrategias sobre las que tengamos mayor expectativa de utilidad.

No estamos hablando de que una estrategia concreta sea más funcional que otra *per se*. Muchas de las estrategias de regulación emocional son funcionales en primera instancia, es decir, cumplen la función de reducir la intensidad de cierta emoción negativa a corto plazo, pero resultan muy perjudiciales a largo plazo (como beber alcohol para salir de un mal estado de ánimo, o quedarse en la cama para regular la tristeza). Las estrategias funcionales a medio-largo plazo a la hora de regular las emociones negativas podrían ser, por ejemplo, frente a un conflicto en el trabajo, llamar a un colega, jugar con los hijos y salir a realizar una actividad física. En cambio, las estrategias de regulación disfuncionales a medio-largo plazo podrían ser comer una bolsa de patatas, fumar un porro o beber media botella de vino.

Estrategias de regulación emocional

El abanico de estrategias es enorme y su estudio, apasionante. Uno de los autores más importantes en la investigación de la regulación emocional, James Gross de la Universidad de Stanford, plantea que la regulación puede realizarse en diferentes fases del proceso de generación de la emoción y la divide entre las estrategias de regulación centradas en la respuesta y las centradas en el antecedente a la emoción (figura 7.1).

Las centradas en el antecedente a la emoción incluyen estrategias como la selección o modificación de la situación, cambios en el foco atencional, o llevar a cabo cambios cognitivos. La primera de las estrategias, la selección de la situación, implica realizar acciones para cambiar la posibilidad de terminar en una situación que genere una emoción no deseada. Por ejemplo, si tenemos un vecino anciano que insiste en que nuestros niños son muy ruidosos en casa, y siempre que nos ve nos riñe, es probable que evitemos coincidir con él a solas en el ascensor; y en el caso de coincidir nos esperaremos en el portal cuando lo veamos llegar. Otra estrategia similar, la de la modificación de la situación, implica el cambio de la situación para alterar la respuesta emocional. El día que sabemos que viene a la oficina el jefe de toda la empresa donde trabajamos, que casi nunca suele aparecer, es probable que ordenemos la mesa de trabajo con una dedicación casi obsesiva. Otra de las estrategias tiene que ver con el cambio atencional; la más conocida de estas estrategias, y seguramente la más utilizada por la mayoría, es la distracción (mirar el teléfono, escuchar música, etc.), pero aquí también podría entrar, en cierto modo, el mindfulness.

Una de las estrategias que ha mostrado ser más eficaz, y de hecho es la que se suele realizar en psicoterapia, es llevar a cabo cambios cognitivos, referidos a cómo valoramos una situación hasta alterar su significado emocional. La más conocida de estas estrategias es la revalorización, definida como un proceso de adaptación a través del cual los sucesos estresantes son reconstruidos como beneficiosos, significativos o benignos (por ejemplo, pensar que uno va a aprender algo de una situación difícil).

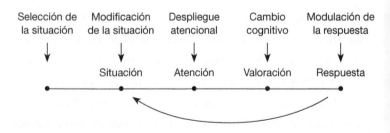

Figura 7.1. Procesos de regulación emocional según el modelo de James Gross

La quinta de las estrategias se aplica cuando las tendencias de respuesta se han iniciado y conlleva que se intente modular la emoción, a través de la intervención sobre los componentes experienciales, conductuales o fisiológicos. Hacer actividad física, respiración profunda o relajación puede servirnos para modular la respuesta ante una emoción, pero también consumir alcohol, comer alimentos no saludables, fumar o consumir drogas. Finalmente, la última de las estrategias intervendría sobre la expresión emocional y, aquí, una de las más investigadas es la supresión de la expresión.

En este momento puede ser interesante parar un segundo para reflexionar sobre cómo regulamos las emociones negativas; en este sentido, un sistema eficaz es el de recoger mediante un autorregistro las estrategias de regulación que utilizamos durante una semana y analizarlas posteriormente. En ese autorregistro, podríamos apuntar cuál ha sido el suceso interno o externo activador, qué indicios aparecen que me sirven como identificadores de una emoción, cuál sería el nombre con el que etiqueto la emoción negativa, qué estrategias de regulación utilizo y si he tenido alguna dificultad u obstáculo en el proceso. En la tabla 7.1 proponemos un ejemplo de este tipo de autorregistro.

Fecha	Suceso	Indicios	Emoción negativa	Estrategia de regulación	Obstáculos
27/11/2018	Mi pareja me echa en cara que estoy con el smartphone en lugar de estar preparando la cena.	Tensión muscular en mandíbula. Tensión en musculatura que rodea los ojos.	Rabia. Enfado.	Me levanto del sofá, salgo de casa y voy a la calle a andar con paso rápido durante 15 minutos.	Lo que me pedía el cuerpo era gritar y desahogarme con el sarcasmo y la ironía.

Tabla 7.1. Autorregistro de estrategias de regulación emocional

Este es un aspecto clave si queremos aprender a gestionar mejor las emociones negativas y reducir su tiempo de impacto y aumentar la resiliencia a los sucesos negativos. En general, ¿qué problemas podemos encontrarnos para regular una emoción negativa? De acuerdo con Kim Gratz y Lizabeth Roemer, de la Universidad de Toledo y Massachusets, respectivamente (EE. UU.), y creadoras de un cuestionario muy utilizado, hay seis dimensiones diferentes para entender las dificultades en la regulación de las emociones.

Podemos presentar dificultades para ser conscientes de que estamos teniendo una emoción, sobre todo en aquellas de baja intensidad, ya que resulta complicado identificar que las estamos teniendo. Este factor, tan cotidiano para muchas personas, está conectado con la conciencia corporal (de ahí su conexión con el mindfulness). Por ejemplo, muchas veces no somos conscientes de que tenemos una emoción hasta que alguien de mucha confianza y desde fuera nos lo hace notar: «¿Todo bien?, tienes cara de enfadado».[10]

También es posible que identifiquemos que tenemos una emoción, pero que no sepamos exactamente cuál, o que no logremos darle un sentido. Por ejemplo, si me entero de que un amigo me ha traicionado, es posible que sienta tristeza e ira a la vez, generando una experiencia confusa y, por lo tanto, la tendencia a la acción también sea confusa. La tercera de las dificultades en la regulación emocional puede venir del impedimento o dificultad para seguir esa tendencia a la acción en momentos de alto estrés. Es decir, puedo tener muy claro que hacer algo de deporte, después de un día de trabajo agotador, me ayuda a estar más tranquilo, pero cuando llega el momento de escoger una acción me pongo a rumiar y termino eligiendo otra menos eficiente, como abrir una cerveza.

La no aceptación de una determinada respuesta emocional es otra dificultad. Por ejemplo, si no aceptamos que nos ponemos tristes, al enterarnos de que unos amigos no nos han llamado para invitarnos a una cena, podría ser que sintiéramos a la vez mucho enfado con nosotros mismos por ser tan sensibles o dependientes de los demás. Finalmente, otra dificultad es la falta de habilidades de gestión de las emociones, un aspecto sobre todo técnico, referido a la gestión de estrategias útiles para manejarlas. Aquí es donde el EBC propone dos estrategias de entre las múltiples opciones que hay: la autocompasión, y la regulación emocional de abajo arriba o centrada en la exposición a las sensaciones desagradables. Escogemos estas dos estrategias porque son las que más se acercan al modelo de base, sobre el que nos fundamentamos, no porque sean más eficaces que otras.

¿De abajo hacia arriba, o de arriba hacia abajo?
Autocompasión o habituación

Una dimensión interesante para discriminar entre estrategias de regulación es aquella que se refiere a procesos *bottom-up* (de abajo hacia arriba) o *top-down* (de arriba hacia abajo). El modo *top-down* es similar a lo que hemos revisado antes para la revalorización y resulta clave a la hora de reducir el impacto emocional, mediante estrategias cognitivo-lingüísticas evocadas desde la propia mente.[11] Desde el ámbito de las ciencias contemplativas, una estrategia habitualmente utilizada para regular la emoción utilizando estructuras «de arriba hacia abajo» de manera adaptativa es la de la autocompasión. Por autocompasión entendemos la habilidad de ser amable con uno mismo y darnos consuelo y calma en situaciones complicadas. Aunque en el capítulo 8 profundizaremos en este sentido, tanto en la compasión como en la autocompasión, le vamos a dedicar algo de espacio en este capítulo, sobre todo en lo referido a su relación con la regulación emocional.

En general, las meditaciones en las que se entrena la autocompasión tienen siempre los mismos pasos: primero calmamos la mente, posteriormente buscamos una imagen que tenga la capacidad de inducirnos ternura, deseo de cuidar o amor y, una vez que tenemos este sentimiento identificado y armado en nuestra mente-cuerpo, intentamos replicarlo pero sobre nosotros mismos. Cuando de forma sistemática entrenamos este estado mental, parece que vamos transformando y estructurando de una forma regular el sufrimiento, ya que nos servirá como un «antídoto» a la autocrítica o al juicio, estrategias con una contrastada eficacia como inductoras de emociones negativas.

Cuando entrenamos la autocompasión, meditación que forma parte de la familia de las constructivas, aumentamos los niveles de autoamabilidad, reducimos la tendencia a la autocrítica y aprendemos a relacionarnos con nosotros mismos sin juzgarnos. También implica conectar con nuestra condición de humanos, aceptando que todos los seres sufrimos; por lo tanto, existe una humanidad compartida que nos ayuda a conectar con actitudes más positivas hacia nosotros mismos. En efecto, cuando practiquemos la autocompasión es probable que se reduzca la tasa cardíaca, la conductancia de la piel, incrementando la activación parasimpática.[12] Cuando en una población diagnosticada de depresión se compara la eficacia de las diferentes estrategias de regulación emocional con la autocompasión, se observa que esta es más eficaz que la aceptación y que la revalorización.[13, 14]

El enfoque del modo *bottom-up* (de abajo hacia arriba) se refiere al proceso regulatorio en respuesta a propiedades perceptivas inherentemente emocionales del estímulo, sin pasar por la cognición, es decir, las implicaciones víscero-somáticas de la emoción. Este modo de regular las emociones toma forma en diferentes estrategias de intervención basadas en el mindfulness. Tras un entrenamiento en mindfulness, se ha comprobado que hay una menor reactividad emocional a estímulos que evocan estrategias de regulación emocional que no están mediadas por regulación «de arriba hacia abajo». Asimismo, se observó una conectividad cerebral relacionada con la conciencia víscero-somática.[15]

A través de la práctica de mindfulness, se aprende a experimentar las sensaciones físicas asociadas a las emociones difíciles de una manera cualitativamente diferente, abriéndose a sentir y dejando estar la experiencia corporal, momento a momento, aunque sea aversiva y desagradable. Una práctica clásica de las intervenciones basadas en el mindfulness es la meditación en las emociones difíciles (la puedes escuchar en nuestra web programaebc.com/recursos). Esta práctica meditativa (utilizada también en otros protocolos de mindfulness) puede resultar una herramienta eficaz para regular y reducir el impacto de las emociones difíciles y conflictivas.

Otra dimensión importante para entender el impacto de las estrategias de regulación emocional es atender a si son procesos explícitos o implícitos. Por ejemplo, después de salir de un curso de compasión es fácil que empiece a incorporar una nueva forma de regular las emociones más amables, sin ni siquiera planificarlo; sencillamente se han activado de forma implícita determinadas metas o formas de hacerlo. Junto con ello, algunas estrategias de uso habitual se convertirán en hábitos que se activarán de forma automática.[16] Las estrategias explícitas implican un deseo consciente de cambiar una emoción, mientras que las implícitas no implican esta conciencia.

En nuestro día a día, la mayoría de las veces no hacemos nada concreto para regular una emoción negativa, pero, sin darnos cuenta, lo estamos haciendo. ¿Qué hacemos cuando salimos de un mal día de trabajo? Muchas personas hacen una regulación implícita de la emoción negativa que están sintiendo y reflexionan sobre la importancia relativa del suceso, llamando a un colega por teléfono, jugando con sus hijos, etcétera. Los entrenamientos en regulación emocional, muy a menudo, hacen que tomemos conciencia de las estrategias implícitas de regulación que utilizamos y, por otro lado, nos forman en nuevas estrategias que deben ser entrenadas de forma explícita, hasta que se conviertan en hábitos.

La regulación emocional en el EBC

Para el modelo en el que se sustenta el EBC, una gestión adaptativa de las emociones negativas nos llevará a aumentar la probabilidad de realizar acciones virtuosas, generando una espiral de positividad que, junto con el sostenimiento de las emociones positivas, derivará en un aumento de la probabilidad de que escojamos actuar desde la compasión y la amabilidad.

Las emociones negativas también tienen un gran impacto sobre el siguiente constituyente: la generosidad. En un estudio, se mostraron a un grupo de participantes imágenes de personas que habían recibido algún tipo de agresión y luego se evaluó el impacto de esta visión sobre una acción de generosidad, como una donación a alguna organización no gubernamental, cuyo objetivo es ayudar en este tipo de violencia. Los resultados fueron muy reveladores, pues las personas que sintieron más emociones negativas, también sintieron mayor empatía, pero eso no tuvo ningún efecto sobre la tendencia a ayudar con la donación.[17] Tiene bastante sentido, si nos centramos en el aspecto evolutivo de las emociones negativas, que llevan a respuestas de lucha/huida y, por lo tanto, no atienden muchas veces a los aspectos sociales. Como en el siguiente capítulo hablaremos de la fatiga empática, ampliaremos un poco este punto.

En todo caso, aprender a gestionar las emociones negativas, reduciendo el tiempo y el impacto que tienen sobre nosotros, es un elemento importante, dentro del proceso de aumentar el bienestar. En el programa EBC, entrenamos las estrategias de regulación emocional de arriba hacia abajo, mediante meditaciones basadas en la autocompasión y las estrategias de regulación emocional de abajo hacia arriba, centradas en la aceptación de sensaciones físicas como la «meditación en las emociones difíciles». Para esto, es esencial la práctica del mindfulness, así como todos sus mecanismos de eficacia implicados, como hemos visto en el capítulo 5.[18]

Esta estrategia está directamente conectada con el cuarto constituyente. En efecto, es un paso esencial para crear y sostener el plan de implementación en el bienestar que pretendemos llevar a cabo a lo largo del entrenamiento. Ese deseo o pulsión por aumentar el bienestar o sufrir menos está enraizado en esta capacidad; por otro lado, la idea de conectar con la universalidad del sufrimiento y la inutilidad de la lucha contra su existencia también alimenta la idea de un ego más desprendido y menos egocéntrico.

8. El corazón de la psicología positiva contemplativa: la compasión

La mayor amenaza para la compasión es la tentación de sucumbir a las fantasías de superioridad moral.

STEPHEN BATCHELOR

La cúspide de la pirámide

Finalmente, llegamos al cuarto de los constituyentes, que para el modelo EBC es un auténtico pilar del camino que hemos compilado. Para este modelo, este constituyente se encuentra en la cúspide de la pirámide, ya que el deseo de ser feliz y reducir el sufrimiento subyace en todo el entrenamiento. Además, su presencia facilitaría todos los ejes básicos del modelo: la flexibilidad del self, el buen trato al self, las acciones virtuosas ego-descentradas y la creación de un modelo ideal virtuoso.

La enseñanza de la bondad ha sido el centro del estudio de múltiples disciplinas, como la filosofía o la teología, pero apenas se ha desarrollado en la psicología. Sí que se ha visto de forma tangencial, a través de toda la literatura que existe sobre el altruismo, la conducta prosocial o, en los últimos años, en forma de investigación sobre la compasión.

Amabilidad, cordialidad, ternura, bondad, compasión... toda esta mezcla de conceptos se suele agrupar en la psicología dentro del constructo de la conducta prosocial, un término paraguas que engloba una rica y compleja serie de conductas, emociones y actitudes positivas dirigidas hacia los otros. Como señala Richard Davidson, estas conductas emocionales y actitudinales son aspectos clave y predictores de bienestar psicológico. De acuerdo con el EBC, estas conductas son fundamentales para crear y sostener una felicidad duradera (tal y como proponen Dambrun y Ricard), que pasa por una transformación paulatina del ego, pasando de un ego centrado a un ego desprendido o hipoego.

Siguiendo con la metáfora del jardín, que propusimos en el capítulo 4, este constituyente trataría de la última fase, es decir, de cómo entregar la flor que encontramos en el jardín. Buscamos mostrar cómo el mindfulness nos ayuda a organizar la mente y a percibir los instantes de felicidad, para después poder saborear y potenciar esos momentos, mientras evitamos que nada los boicotee, para finalmente ofrecérselos a alguien.

¿Somos altruistas los humanos?

Por altruismo se entiende un estado motivacional en el que la última meta es incrementar el bienestar de los otros. Por consiguiente, es lo opuesto al egoísmo, un estado motivacional en el que la última meta es incrementar el propio bienestar. Ambos estados son similares, simplemente cambia el objeto sobre el que se busca el bienestar. La pregunta clave es: ¿qué nos lleva a los humanos a ser bondadosos? o, por otro lado, ¿qué nos lleva a cometer las más terribles atrocidades? ¿Ser bondadoso es adaptativo en una sociedad individualista y cada vez más neoliberal? ¿Nos hace vulnerables y nos debilita?, o ¿nos fortalece y ennoblece? Y finalmente, ¿qué relación tiene el altruismo con el bienestar?

Toda esta discusión va acompañada de un debate antiquísimo: ¿es el ser humano bondadoso por naturaleza?, o ¿es el ser humano egoísta por naturaleza? Entendemos que cualquiera de las dos posiciones tiene ejemplos representativos, que se invalidan mutuamente. Todos podemos pensar en personas que se han volcado en ayudar a los otros de forma desinteresada y altruista y también en personas que nos han podido hacer malas jugadas, o a las que guardamos algún tipo de rencor y, posiblemente, explicamos esa conducta a partir de una maldad innata. Este debate no tiene una solución sencilla, ya que podemos encontrar evidencia científica que confirma ambas posturas.

Las teorías vinculadas al egoísmo universal plantean que, en última instancia, todo lo que hacemos, independientemente de cómo beneficie a los otros, tiene un fondo egoísta que busca la propia satisfacción. Por el contrario, en la tradición budista y también en algunos modelos psicológicos se propone que la compasión es innata y que está codificada en nuestra condición humana desde el inicio de los tiempos; de hecho, sin esta habilidad no podríamos llevar a cabo con éxito la crianza. En términos evolutivos, estas conductas y estados emocionales motivarían la cooperación entre los miembros de una comunidad y su prole.[1] Otro argumento comúnmente utilizado es el desarrollado a partir de los estudios que confirman que podemos encontrar respuestas de empatía en bebés de seis meses. Se ha observado que tienen tendencia a escoger un muñeco de juguete, que previamente ha tenido una respuesta «amable» y compasiva en una situación experimental previa, frente a otro muñeco que se ha mostrado egoísta. Obviamente, este aspecto no niega que exista un potencial para hacer el mal o para realizar acciones no virtuosas.[2]

Otra forma de ver la relación entre compasión y felicidad es que esta última puede funcionar como un sistema de recompensa por actuar de manera prosocial, de forma que se promueve la supervivencia y la reproducción; es decir, que la felicidad sería una especie de señal interna, que nos indica que un problema adaptativo está en camino de solucionarse o, de hecho, está solucionado.[3] Actos como cuidar de nuestros seres queridos, o ayudar a un amigo a hacer una mudanza, podrían generar más felicidad que ayudarse exclusivamente a sí mismo, ya que predicen un mejor retorno de la inversión.

Como decíamos, el reto de explicar el sentido del altruismo acudiendo a términos evolutivos es enorme: ¿qué puede llevar a un ser humano a hacer algo por otra persona que le perjudica, sobre todo cuando esta persona es desconocida? Darwin ya identificó en sus escritos la simpatía como el más fuerte de los instintos humanos; por lo tanto, una comunidad con muchos miembros que muestren simpatía se adaptará mejor y tendrá mayor descendencia.[4]

Para entender este punto, se han desarrollado diversas teorías que tratan de explicar qué beneficios puede tener en términos evolutivos una conducta altruista. La teoría del altruismo familiar nos dice que las familias se protegen entre sí y cuidan de sus miembros como estrategia de supervivencia en la naturaleza. La ternura, amabilidad y compasión son un elemento clave en la crianza y solo su presencia asegura culminar con éxito ese proceso natural.

También está la teoría del mutualismo que, bajo la idea de la selección natural, favorece la tendencia a coordinarse, colaborar y ser amables con aquellos con los que se tiene un interés común (miembros del propio grupo, compañeros de trabajo, etc.) ya que facilitaría la consecución de los propios objetivos.[5] En cambio, la teoría del altruismo competitivo propone que la selección natural favorecería la amabilidad como factor para atraer a otros miembros de la tribu; por lo tanto, ser compasivo puede ser atractivo, ya que significa que recibiremos cuidados cuando estemos débiles o desamparados. También, a la hora de escoger pareja, es fácil pensar que una persona con estos rasgos es más probable que sea leal y mantenga los lazos familiares a largo plazo y es más probable que se muestre habilidoso en la crianza. Finalmente, podríamos aseverar que ser compasivo es un rasgo deseable, que facilita la adaptación al entorno y que tiene retorno en forma de más compasión del ambiente.[4]

Finalmente, nos encontramos con la teoría del altruismo recíproco, que sugiere que es clave para seguir las normas de convivencia en comunidad, por lo que somos altruistas con aquellos con los que nos vamos a encontrar de nuevo y, por ende, esperamos que nos puedan retornar el favor más adelante.

¿Qué entendemos por compasión?

Si atendemos a la definición de la Real Academia Española de la Lengua, la compasión es un «sentimiento de conmiseración y lástima por aquellos que sufren penalidades». En valenciano y catalán (idioma de A) sucede algo similar, y se le da prioridad a la definición de compasión (*compassió*) como un sentimiento de tono afectivo negativo. En el caso del euskara (idioma de D), exactamente no existe la palabra «compasión», aunque se traduce normalmente por *erruki*, que posee connotaciones del concepto cristiano de piedad. Todas estas definiciones señalan un componente de lástima y una asimetría, es decir, sentir lástima implica que el que observa está bien y el observado, mal. Esto ha hecho que la compasión haya sido vista por autores relevantes como un sentimiento invalidante; por ejemplo,

Platón considera que la compasión expresa «el egoísmo de los débiles». También Nietzsche expone que el sufrimiento se hace contagioso a través de la compasión.[5] Estas visiones plantean una definición de compasión diferente de la defendida por la psicología positiva contemplativa.

A pesar de esta forma de entender la compasión a nivel académico, las definiciones legas van a veces por otros derroteros. En un estudio realizado recientemente por nuestro grupo, dentro del proyecto «Reaprendiendo a vivir», cuyo objetivo era el estudio de la eficacia de un entrenamiento de compasión en pacientes supervivientes de cáncer de pecho en el Instituto Valenciano de Oncología (IVO), preguntamos por las definiciones de compasión entre las participantes, y lo que nos encontramos fue que, sorprendentemente, más allá de encontrar connotaciones negativas sobre la compasión, había una tendencia a la indefinición, como si fuera un concepto confuso o no utilizado.

La definición de compasión que utilizamos en el EBC es la desarrollada por Gilbert y Choden,[6] que la entienden como la capacidad de ser sensible al sufrimiento de uno mismo y de otros, con un profundo compromiso para impedir y aliviar ese sufrimiento. La compasión funcionaría como una herramienta de autorregulación y, a la vez, un método para incrementar el bienestar y las cualidades mentales positivas. Su foco es desarrollar un aumento en la conexión social, la disposición por el alivio del sufrimiento y, finalmente, llevarnos a la acción altruista o, en el caso de la autocompasión, al uso de estrategias de autocuidado, como hemos visto en el capítulo anterior.

Otra definición interesante es la que proponen Shane Sinclair y su equipo de la Universidad de Calgary en Canadá. A partir de un trabajo en el que se utiliza un sistema de abajo hacia arriba (desde lo lego a lo académico), y mediante entrevistas profundas a profesionales, desarrollan una definición muy interesante, adaptada a nuestro entorno cultural: «Una respuesta virtuosa, y con intención, de conocer a una persona, discernir sus necesidades y aliviar su sufrimiento a través de la comprensión y acción relacional».[7]

La identificación facial de las emociones ha sido tradicionalmente un elemento clave en su investigación; por ejemplo, podemos identificar perfectamente a una persona enfadada sin necesidad de que nos comunique de manera verbal este estado. Los gestos faciales, como el ceño fruncido, cerrar los puños o determinada gesticulación, nos indican la presencia de una tendencia a la acción, pero ¿cuáles son los gestos que acompañan a la compasión? Se ha identificado la aparición de un tono de voz suave, contacto físico, cejas de forma oblicua, una mirada cálida o el párpado de abajo elevado.[4] La compasión es un constructo que incluye tanto la que nos generamos a nosotros mismos, autocompasión, como la generada hacia los demás, compasión. Realmente, ambas perspectivas se entrelazan: la autocompasión es fundamental para alcanzar la compasión hacia los otros; de hecho, el mejor predictor de compasión por los demás es la compasión por uno mismo y, además, este aspecto es bidireccional.[8] Por esta razón, se ha visto que una manera de aumentar la autocompasión es llevando a cabo conductas prosociales y activando respuestas compasivas por los otros.[9]

Raíces de la compasión

En la tradición budista, la compasión se entiende como un estado sublime de la mente, formando parte de los llamados cuatro estados inconmensurables: compasión (*karuna*), amor bondadoso o benevolencia (*metta*), ecuanimidad (*upeksa*) y gozo o alegría empática (*mudita*).[10] La principal diferencia entre compasión y amor bondadoso es que la primera se destina a desear que los seres que sufren dejen de hacerlo, por ejemplo, mediante frases del tipo «que esté libre de sufrimiento y de sus fuentes», mientras que la benevolencia o el amor bondadoso tiene el anhelo de que la persona sobre la que estamos trabajando esté bien y sea feliz, por ejemplo: «que seas feliz, que te vaya bien en la vida...». Un estado similar a la compasión, y que se podría llegar a confundir con esta, es el estado de dolor, ya que es fácil que, buscando aumentar nuestra capacidad de experimentar compasión, en realidad, nos encontremos con sufrimiento y desesperanza.

La compasión y el amor bondadoso se interrelacionan y tienen límites difusos; de hecho, en términos de psicología académica no se suele plantear semejante línea divisoria, y muchas veces en la palabra «compasión» se incluye también *metta*, aunque, como sugerimos, tienen sutiles diferencias muy interesantes para el caso del EBC.

El amor bondadoso o benevolencia, a diferencia de la compasión, se dirige a una potencialidad, diríamos que se centra en el lado positivo. De acuerdo con Alan Wallace (experto en el diálogo entre budismo y ciencia), se trata de atender a la realidad, pero viendo el potencial de lo posible.[10] Justamente, esto es lo que hacemos desde la primera sesión con la carta del *mejor self posible* o en cada una de las meditaciones, y por eso son habilidades que subyacen en todo el entrenamiento. El estado mental más similar con el que se puede confundir el amor bondadoso es el apego; si lo practicamos sobre una persona a la que amamos profundamente, es fácil que sintamos que sin ella seríamos muy infelices.

También la alegría empática es importante durante el entrenamiento, ya que se trata de regocijarse con el bienestar de los demás. Estrategias como el disfrute o saboreo, la gratitud, etcétera, tienen su base en este estado mental. En realidad, cuando hacemos el ofrecimiento, estamos trabajando este estado mental, ya que nos regodeamos con los beneficios que obtendrán nuestros seres queridos por lo que vamos entrenando durante el curso. En este caso, tenemos el riesgo de caer en la frivolidad, es decir, quedarnos en un nivel muy superficial, sin que haya un deseo realmente transformador.

Finalmente, otro aspecto clave para entender la compasión es el de la ecuanimidad o *upeksa*, que se refiere a la capacidad de superar las preferencias para el desarrollo de estos estados. Digamos que entrenamos estos estados para ser capaces de desarrollarlos, no solo para nuestros seres queridos, sino también para personas que nos han dañado, o sobre los que sentimos distancia. Escapar de la idea de la compasión familiar o tribal, para cultivarla en aquellas personas por las que no tenemos especial predilección y que, o bien nos resultan neutrales, o incluso sentimos rechazo. En este caso, el riesgo está en generar un estado mental de indiferencia estúpida, es decir, de que no hay preferencias, porque en realidad hay desafección y desinterés hacia todos los seres.

A nivel académico, no se hace distinción entre los cuatro estados, tan solo entre la autocompasión y la compasión hacia los otros; centrándonos exclusivamente en este concepto, que ha recibido mucha atención en los últimos años, entendiéndose como una emoción, una motivación, un rasgo estable de funcionamiento o un constructo multidimensional. En resumen, podemos entender la compasión como un (1) reconocimiento del sufrimiento, es decir, tenemos que ser capaces de percibirlo y etiquetarlo como sufrimiento. Muchas veces, en el día a día de nuestra ajetreada vida podemos llegar a obviar esos niveles de insatisfacción, que normalmente nos acompañan. Si ponemos un ejemplo cotidiano, cuando vemos algún suceso o tragedia en algún país lejano, permanecemos desconectados, como si no fuera con nosotros. El segundo punto, (2) una comprensión de la universalidad del sufrimiento en la experiencia humana, es decir, la comprensión de que el sufrimiento está presente y acompaña a la condición humana, en todo momento. Se trata de la primera de las grandes revelaciones que enseñó el Buda en su camino, es la Primera Noble Verdad. El tercer elemento (3) se refiere al sentimiento de empatía hacia la persona que sufre, lo cual nos genera resonancia. El hecho de ver a otros sufrir debe generarnos un impacto, que sería la capacidad de conmovernos con el sufrimiento de los otros. Además, (4) debemos tolerar la incomodidad de estos sentimientos para poder despertar al último elemento, (5) la motivación de actuar para aliviar ese sufrimiento.[5]

Imaginemos que, al ir por la calle, vemos que alguien caído en el suelo pide ayuda para levantarse; seguramente iremos como un resorte a ayudar a esa persona sin reflexionar demasiado, y eso nos puede impedir ver todos los procesos psicológicos implicados. Sin embargo, si ponemos la lupa, habremos percibido que alguien está en suelo y que desea levantarse sin poder hacerlo, eso implica estar atentos a nuestro ambiente (1). En relación con eso, las emociones negativas restringen el ámbito perceptivo, mientras que las positivas lo amplían. Si partimos de la base de que las emociones implican una tendencia específica a la acción, acompañadas de una respuesta fisiológica, si siento miedo, probablemente experimentaré una tendencia a correr y escapar y todo mi ámbito perceptivo estará volcado a ese logro, reduciendo las opciones de respuestas conductuales amables, por una cuestión de supervivencia.

Además, tenemos que concebir que esa situación (estar caído en el suelo) le genera sufrimiento (2). Tercero, que eso nos conmueva de tal forma que no podemos, sencillamente, pasar sin hacer nada y deseemos ayudarle (3), hasta el punto de poner nuestra mano y ayudar a que se levante (4). La compasión es un concepto multifacético, que tiene componentes cognitivos y atencionales (conciencia del sufrimiento del otro), afectivos (preocupación compasiva relacionada con conmoverse por el sufrimiento), intencionales (el deseo de ver aliviado ese sufri-miento) y motivacionales.[5]

De acuerpo con uno de los mayores expertos en compasión, el profesor retirado de la Universidad de Derby en el Reino Unido, Paul Gilbert, existen tres sistemas motivacionales con base neurobiológica claves para el ser humano: 1) el sistema de satisfacción, calma y seguridad, 2) el sistema de amenaza y protección, y 3) el sistema de logro. Normalmente, nos move-mos entre los sistemas 2 y 3, es decir, la amenaza y el logro.[11]

Es frecuente que durante el día dediquemos mucho tiempo a pensar en preocupaciones y en cosas que puedan llegar a pasar y que nos pongan en riesgo (sistema de amenaza y protección), activando emociones como el miedo, la ansiedad o el enfado. También es probable que dediquemos mucho tiempo a planear cómo lograr un objetivo (terminar un máster, ahorrar dinero, etc.) (sistema de logro). Estos sistemas son muy útiles para ges-tionar el día a día y, de hecho, como el propio Gilbert indica, vivimos en una sociedad que los estimula, dejando el sistema de satisfacción, calma y seguridad hipoactivado. Si este sistema no se activa, es probable que entremos en dinámicas de autocrí-tica y vergüenza, ya que este sistema ayuda a activar procesos de autocuidado, calmado y seguridad. Precisamente, con la práctica de la compasión estaríamos entrenando este sistema.

Cuando estamos bajo amenaza, el sistema nervioso simpá-tico se activa, ya que su función está relacionada con una res-puesta de lucha o huida ante potenciales peligros. Pero cuando se activa ante esas amenazas, se inhiben capacidades cognitivas complejas, como las habilidades de descentramiento (capacidad metacognitiva de acceder a la experiencia interna desde una perspectiva externa) o mentalización (capacidad de leer la mente de los otros). El sistema parasimpático ayuda a proveer un sentimiento de seguridad que permite la activación del córtex frontal, facilitando de esta forma las funciones cognitivas complejas, necesarias para el desarrollo del bienestar.[12, 13]

Paul Ekman, psicólogo e investigador y una referencia internacional en el ámbito de las emociones, en los últimos años se ha introducido en el estudio de la compasión, desarrollando una taxonomía muy interesante, en la que divide la compasión en diferentes estadios:[14]

- Reconocimiento de la emoción: una condición fundamental para poder ser compasivo es captar o leer la mente ajena y entender qué emoción está teniendo el otro.
- Resonancia emocional: subdividido en dos, cuando vemos a alguien sufrir y sentimos la misma emoción, o cuando sentimos pena por alguien que sufre.
- Compasión familiar: la desarrollada en la crianza, el vínculo entre el niño y su figura de apego.
- Compasión global: sentir compasión por todos los seres humanos, aunque no los conozcamos; por ejemplo, grandes movilizaciones mundiales tras un desastre natural o un atentado terrorista.
- Compasión sobre los seres sintientes: cuando se amplía la compasión a todos los seres, como los animales.

- Compasión heroica: dividida en dos tipos, la inmediata, como cuando alguien hace algo impulsivo y pone su vida en riesgo por ayudar a otra persona, o la heroica. Aquí entrarían los donantes anónimos de órganos, personas que han dado su vida por ayudar a otros, la madre Teresa de Calcuta, Ghandi, Vicente Ferrer, etcétera.

Entrenando la compasión

El objetivo de cualquier entrenamiento fundamentado en la compasión, como de hecho lo es el EBC, es entrenar el paso de la compasión familiar, que es la innata y que surge sin esfuerzo, porque está en nuestra naturaleza, a la compasión (al menos) global. A este nivel, se ha estudiado algo la compasión heroica, a través del estudio de altruistas extremos. Para estudiar esta población, se ha buscado a personas que han donado sus riñones a desconocidos, como lo ha hecho un grupo de investigadores de la Universidad de California, estudiando a una población de 19 adultos sanos que habían donado un riñón a un desconocido (obviamente, no es una población demasiado común). Aplicaron una metodología experimental similar a la utilizada para investigar la psicopatía: se mostraban imágenes de expresiones faciales de miedo, enfado o neutrales, mientras se medía la actividad del cerebro mediante imagen por resonancia magnética funcional (fMRI). Se observó que estos altruistas extremos tenían una gran sensibilidad a las expresiones faciales de miedo, evidenciadas a partir de una mayor actividad en la amígdala, justo lo contrario de lo que les sucede a los psicópatas, que tienen dificultades para reconocer el miedo en los otros.[15]

De todo lo comentado hasta ahora, lo más interesante es que este constructo multinivel se puede plantear como una habilidad y, por consiguiente, entrenarse. En la última década han surgido muchas intervenciones basadas en el entrenamiento de la compasión y su eficacia ha sido probada para múltiples condiciones, tanto en el tratamiento de trastornos psicológicos (ansiedad, depresión, trastornos de personalidad, etc.), como para la mejora de la calidad de vida y del bienestar psicológico. En los diferentes metaanálisis, se ha visto que los entrenamientos en compasión generan, a corto plazo, efectos moderados para el aumento de los rasgos compasión, autocompasión y mindfulness, así como para la satisfacción con la vida y felicidad.[16,17] Con respecto a la razón por la que es eficaz, se han identificado varios mecanismos, como el descenso del afecto negativo y el estrés, el incremento del afecto positivo, o el incremento de los sentimientos de afiliación y bondad hacia los otros.[5]

Como ya hemos indicado, la posibilidad de entrenar la compasión también posibilita el acceso a la construcción de un yo posible (yo futuro) más moral; es decir, la posibilidad de construir una identidad que perfeccione este estado mental, lo convierta en un rasgo, un hábito y surja de manera natural, sin esfuerzo. Si todos los días entrenamos para jugar al fútbol varias horas, es fácil que, si algún día pasamos por un parque y vemos a unos niños jugando, nos entren unas ganas tremendas de jugar y sacar nuestras mejores capacidades en el manejo del balón. ¿Qué pasa si entrenamos la compasión? ¿Eso nos llevará a aumentar el deseo de utilizarla de forma natural, sin que suponga un esfuerzo?

Una pregunta que puede surgir a partir de lo que hemos visto es que, si es tan potente y está tan conectada con el bienestar, ¿por qué en nuestra sociedad ser compasivo y amable es muchas veces visto como un signo de debilidad? Hay varias razones para explicar esto. Por un lado, se ha visto que la exposición al sufrimiento humano puede generar lo que se ha llamado fatiga compasiva o, más exactamente, fatiga por sufrimiento empático, y, por otro lado, existe la teoría de que la competición o el egoísmo es la única fuente de crecimiento humano.

Si analizamos el lenguaje popular, veremos multitud de refranes o frases que se podrían identificar con la idea de que el castigo es la mejor fuente de aprendizaje, como «la letra con sangre entra», «a base de palos se aprende», o con la inutilidad de la bondad, como «te toman el pelo de lo bueno que eres», o la importancia del sufrimiento. Este refranero popular tan solo es un reflejo de una visión social y cultural que convive con otras visiones que todos compartimos y valoramos, como el valor de la cooperación, la ayuda o la ética.

La fatiga por compasión es un estado de agotamiento físico y psicológico que surge en cuidadores y profesionales de la salud como consecuencia de un exceso de relaciones demandantes, y que implica una pérdida de la capacidad de sentir compasión por los otros, debido a la exposición prolongada ante el sufrimiento, llegando a la incapacidad de conectar o de realizar conductas de cuidado. A diferencia del *burn out*, síndrome similar relacionado con factores ocupacionales, como el exceso de carga, la falta de autonomía o la recompensa, la fatiga empática está centrada en las relaciones personales.[18] La fatiga por compasión ha sido identificada en porcentajes muy altos de la población en determinados contextos, entre el 40% y el 80% de los profesionales de la salud lo han sentido alguna vez y, obviamente, tiene un gran impacto sobre su calidad de vida.

Este concepto está siendo discutido por la neurocientífica Tanya Singer del Instituto Max Planck de Leipzig (Alemania) y una de las científicas más importantes en el mundo sobre ciencias contemplativas. La profesora Singer propone redefinir la fatiga por compasión como fatiga por sufrimiento empático.[19] Frente a un suceso doloroso, surge una respuesta empática y, posteriormente, el camino se bifurcaría: o pasamos a activar una respuesta compasiva, o nos quedamos con la preocupación empática, lo que hace que esta sea insostenible y termine generando fatiga a largo plazo. De hecho, esto lo podemos sentir sencillamente activando la televisión y viendo un telediario cualquiera, es fácil que frente a tanto sufrimiento optemos por cambiar de canal o, directamente, no atender, sencillamente porque no sabemos a dónde dirigir esta respuesta empática.

Por ejemplo, imagina que te enteras de que una amiga está triste porque su perro ha fallecido después de 10 años de convivencia, tu primera reacción sería la empatía, es decir, que compartirías la sensación de tristeza, con lo cual la amiga se sentirá comprendida y acompañada. En el siguiente nivel, transformaríamos esta respuesta empática hacia la angustia o hacia la compasión, dependiendo de nuestra motivación, personalidad, valores, etcétera. Si respondemos desde la compasión, llamaríamos a esa amiga para darle un buen abrazo o, sencillamente, mandarle un mensaje de ánimo. Mientras que si la respuesta surge como angustia empática, nos llevaría a evitar la tristeza de la forma que podamos, incluso podría llevarnos a no conectar con su sufrimiento, llegando incluso a evitarla.

Por alguna razón, al igual que con la felicidad (capítulo 2) o las emociones positivas, el aspecto motivacional e intencional es clave y puede afectar a la eficacia de los programas de intervención. A pesar de ser una experiencia positiva (aunque es fácil caer en alguno de los constructos similares o enemigos cercanos), en algunas personas genera rechazo o temor la idea de ser compasivos o benevolentes. En su práctica clínica, Paul Gilbert identificó que algunos pacientes con trastornos mentales graves mostraban cierto miedo a sentir, generar o recibir compasión. También observó que algunas personas sentían que al exponer sus emociones a los demás, la compasión les podía hacer más débiles, dependientes y vulnerables y todo ello les daría una mayor ventaja a los otros. Asimismo, constató que algunas personas pensaban que se aprende más mediante el castigo que mediante la compasión.[20]

Algunos sentían que hay personas que lo que se merecen es que nadie sea compasivo con ellos, ya sea por falta de autonomía, o por acciones negativas que hayan podido realizar en el pasado. Lo mismo nos podemos encontrar respecto a la autocompasión, con creencias sobre que la autocompasión nos hará perder la capacidad de crecer, mejorar las debilidades, ser dependiente, o la sensación de no merecer este tipo de sentimientos. Curiosamente, el miedo a la autocompasión y la compasión, dada o recibida, suelen ir muy unidos. Esta experiencia es especialmente frecuente en personas que provienen de entornos de abandono o abuso.

Una de las emociones que mejor explica este miedo es la vergüenza, entendida como una experiencia de amenaza o de falta de habilidades para crear una imagen deseable de uno mismo en la mente de los otros: verse como alguien muy poco atractivo o muy poco interesante para los demás, de tal forma que los otros pueden rechazar, excluir o herir el self.[21] A la vez, se ha visto que aquellas personas que puntúan alto en este temor tienen mayores niveles de sintomatología ansiosa y depresiva.

Antes de iniciar un programa de compasión como el EBC, es esencial intervenir en estas creencias, ya que podrían interferir de forma importante en la evolución de los participantes. Por esta razón, nos resulta fundamental contar con modelos teóricos completos y evidencia científica suficiente como para poder abrir una ventana sobre la posibilidad de percibir un cambio transformador.

La amabilidad

Una manera de observar la compasión de una forma más cercana y menos intelectual es a través de la amabilidad. Un aspecto también poco investigado y complejo, ya que la amabilidad se ha visto como la satisfacción de una necesidad humana básica de relacionarnos con los otros, la desarrollamos con la capacidad de ser tolerante, empático y, asimismo, acompañado de proactividad.[22] Otros autores la dividen en tres aspectos: a) la motivación para ser amable con los demás, b) el reconocimiento de la bondad en los otros, y c) la promulgación de una conducta amable en la vida cotidiana.[5]

Una de las intervenciones para generar amabilidad es a través de lo que se llama «actos aleatorios de amabilidad» (*random acts of kindness*). En un reciente metaanálisis, se ha visto que realizar este tipo de actos mejora el bienestar del que los realiza, mostrando un tamaño del efecto mediano.[22]

Ejercicio de actos aleatorios de amabilidad

Para ejercitar o entrenar estos aspectos, se propone poner en práctica el siguiente ejercicio. Se trata de realizar cinco actos aleatorios amables en un solo día de la semana, a cinco prototipos de personas (no es obligatorio dirigir los actos amables a estos prototipos de personas, siéntete libre para dirigir los actos amables a quien mejor te parezca).

- Un compañero de trabajo.
- Un familiar.
- Una persona neutral (por ejemplo, el conductor del autobús).
- Una persona incómoda.
- Alguien desconocido (que no conozcas personalmente, o alguien que sufre alguna injusticia en el mundo).

Para que sea eficaz tiene que cumplir una serie de condiciones: debe ser algo que normalmente no se requiere como parte de nuestra cotidianidad, y que vaya más allá de lo que hacemos simpre. Debe implicar algún esfuerzo por nuestra parte, en términos de esfuerzo físico o mental, energía, tiempo o dinero. Podemos hacerle a un compañero de trabajo un cumplido, traerle una taza de café, ayudarle activamente, etcétera.

Ejemplos de actos aleatorios de amabilidad:

1. Envía una carta, una tarjeta o realiza una llamada telefónica a un amigo o pariente perdido hace mucho tiempo y renueva esa relación.
2. Invita a alguien que está solo a cenar.
3. Visita a un preso, un amigo anciano, o a alguien que está enfermo.
4. Envía una nota de agradecimiento/felicitación a un compañero de trabajo, compañero de clase, apreciando sus esfuerzos.
5. Ayuda a un compañero de trabajo o compañero de clase con un proyecto.

6. Prepara una comida o una merienda favorita para la familia o un amigo.

7. Comparte tu experiencia profesional con alguien que necesite esa ayuda.

8. Ofrece tus servicios de cuidado de niños para permitir que una madre o un padre tenga tiempo.

9. Dona dinero a una ONG.

10. Deja pasar a alguien con menos artículos que tú en un supermercado.

11. Ayuda con las actividades del hogar que no te tocan.

12. Sonríe, habla o «pasa el rato» con un compañero de trabajo o compañero de clase con quien no sueles hacerlo.

13. Cuando tomes un café, invita al siguiente café a alguien.

14. Presta tu bicicleta/coche/herramientas a alguien.

15. Deja que tus subordinados se vayan a casa unos minutos antes.

16. Escribe un poema/canción/haz una foto para alguien.

17. Haz voluntariado.

18. Llama o envía un correo electrónico a un amigo del que has perdido el contacto hace tiempo

19. Abre y sostén una puerta para que alguien pase.

20. Ayuda a alguien que lleve una carga pesada.

Compasión en el EBC

El deseo de aliviar el sufrimiento y desear la felicidad está en la naturaleza humana, y podemos optimizar esta búsqueda a partir del acceso a un determinado conocimiento, como es el de una adecuada gestión de la mente. Así, mediante el mindfulness y la regulación emocional podemos lograr una gestión de la mente más eficaz, que nos facilite escoger una respuesta de forma más sabia ante el ambiente, aumentando la probabilidad de optar por realizar una acción virtuosa y amable, que repercutirá en un aumento del bienestar.

Este cuarto constituyente es el corazón de la psicología positiva contemplativa, entendemos que todos los demás están al servicio de este, facilitando el camino hacia su desarrollo. Por consiguiente, compasión, altruismo y amabilidad formarían parte del conjunto de fortalezas que se deben entrenar, aunque estrictamente no estén incluidas (a excepción de la amabilidad) como tales en el modelo de Peterson y Seligman. Creemos que pueden entenderse como rasgos con un valor moral y que incluso podrían estar jerárquicamente por encima de todas las demás fortalezas, porque organizan y ordenan la mente.

En realidad, el programa EBC está pensado para que todos los constituyentes estén siempre presentes, aunque sea de forma tácita. Por ejemplo, el constituyente de la compasión se trabaja desde las primeras sesiones, a través de la actividad del ofrecimiento (capítulo 4), a través de la gratitud (capítulo 6), en el análisis de fortalezas (capítulo 6), etcétera. Además, como hemos visto en el capítulo 2, este concepto ya está presente en muchas definiciones legas de la felicidad, en las que un porcentaje muy alto de personas vinculan su felicidad al bienestar de sus seres queridos. De la misma forma, cuando el bienestar se proyecta hacia el futuro, muchas veces también se construye acompañado de personas que han aumentado su bienestar y reducido su sufrimiento. Para el entrenamiento de la compasión, utilizamos diferentes ejercicios y meditaciones basadas en el trabajo de Paul Gilbert («Meditación del color compasivo») y de la tradición budista.

9. ¿Por qué no trabajamos en equipo? Las partes internas de la mente y el cultivo de la parte interna compasiva

¿Cuál de todas las muchas personas que yo soy, de las muchas voces internas dentro de mí, va a dominar? ¿Quién o cómo seré? ¿Qué parte de mí decide?

DOUGLAS HOFSTADTER

Tener una experiencia profunda no es realmente la cuestión. La pregunta es ¿cómo puedo ser capaz de relacionarme con la comprensión, la paciencia y la compasión en situaciones cotidianas?

BHIKKHU ANALAYO

Ganando perspectiva en la mente:
el self y sus múltiples partes

Hemos querido añadir, junto a los cuatro constituyentes de la felicidad citados por Davidson,[1] un quinto componente que complementa y amplia el abordaje de un bienestar psicológico integrador: el de la posibilidad de comprender el self desde su multiplicidad, desde su pluralidad y no como algo fijo e inherente. La toma de conciencia al analizar los procesos, los que surgen en la mente humana como una especie de subpersonalidades, supone una profundización en el autoconocimiento personal que nos ofrece cierta liberación y la posibilidad de comprender y solucionar conflictos internos que se dan en la mente de cada ser humano.

En definitiva, lo que nos interesa es comprender la pluralidad de las partes que habitan la mente de cada ser humano y, a la vez, potenciar y ofrecer una mayor presencia mental a la parte interna compasiva o al yo compasivo. En último término, lo que buscamos en el EBC es instaurar una serie de hábitos mentales, emocionales y conductuales, pero posiblemente estos cambios solo seduzcan a una parte de nuestras subpersonalidades: la que dicta las prescripciones. Por ello, debemos tener en cuenta que, a lo largo del entrenamiento, otras subpartes pueden aparecer y puede ser que no estén tan comprometidas con el cambio propuesto. Tal vez podemos ser personas compasivas, que estemos comprometidas con esta forma de entender el bienestar, excepto cuando la parte interna que domina sea la del aficionado al fútbol cuando pierde su equipo, o cuando domine el conductor impaciente y se salte un semáforo, o cuando esté activado el self perezoso y no nos apetezca sentarnos a meditar.

Las subpersonalidades que habitan en nuestra mente

La mente humana está compuesta por lo que diferentes autores denominan como subpersonalidades (Roberto Assagioli, psiquiatra y pensador italiano, pionero de la psicología humanista y transpersonal), multiplicidad del self (psicoterapia cognitivo-analítica), mentalidades sociales basadas en arquetipos o la teoría dialógica del self.[2] Esta conceptualización está presente desde hace años y aparece en multitud de enfoques psicoterapéuticos. En la última década, se han retomado estas perspectivas que aportan un ingrediente muy interesante para el trabajo con una visión menos ego-centrada.

La hipótesis básica es que cada mente está compuesta de multitud de «partes internas» que emergen a diario a la luz de la conciencia. Las partes internas son aspectos de la personalidad o esquemas internalizados con su propio funcionamiento cognitivo, emocional, corporal, motivacional, conductual e, incluso, su propia biografía. Quizás lo más exacto no sea señalar que tenemos una mente, sino que somos una familia, una cuadrilla interior (junta directiva o socios), o una ciudad, repleta de mentes. Otros autores han definido estas partes internas, o *subself*, como un conjunto de procesos psicológicos de la mente (pensamientos, emociones y motivaciones) relativamente autónomos y organizados, que coexisten con otros conjuntos similares.[2]

La teoría dialógica del self es uno de los modelos que más han desarrollado esta visión. Según su autor, Hurbert Hermans, psicólogo de origen holandés, se caracteriza por una serie de principios que nos resultan de gran utilidad para explicar este constituyente:[3]

- El self está compuesto por múltiples partes que tienen su propia voz. Cada una de estas posiciones tiene sus propias creencias sobre la realidad y el sí mismo: pensamientos, sentimientos, reminiscencias e incluso sistemas morales o procesos de *awareness*.
- Retomando el modelo de William James, con respecto a la diferencia entre el self-como-objeto o el self-como-sujeto (capítulo 2), esta teoría propone que tenemos múltiples self-como-sujeto que llevan a cabo su propio relato respecto del self-como-objeto.
- Cada una de estas versiones son relativamente autónomas y pueden tomar el control de las acciones durante un tiempo, pero no hay un agente central que las coordine a todas.
- Estas versiones no solo tienen una representación interna, también tienen impacto en el mundo externo en forma de papeles (padre, profesor, amigo, amante).

- Cada una de estas partes puede establecer un diálogo con el resto, en forma de pregunta, respuesta, aprobación o desaprobación (vergüenza, autocrítica, etc.). Siempre ocurre en el ámbito de la imaginación y en forma de diálogo interno.

- El self es dinámico y las diferentes partes se activan de forma alternativa, coexistiendo, incluso en forma de diálogo interno.

Algunos ejemplos de estas partes internas: la parte del crítico interno, la parte gestora, la parte nutricia y cuidadora, la parte aventurera y exploradora, la parte de niño asustado e indefenso, la parte rebelde, la parte sabia y consejera, etcétera. No existe un número fijo de partes internas en cada mente, pero lo importante es entender que cada persona está compuesta de múltiples partes, que se relacionan entre sí en el interior de nuestra mente, y que, para relacionarnos con otras personas, también las utilizamos. A la vez, las otras personas también se comunican con nosotros mediante alguna de estas partes internas.

En el ejemplo que proponemos en la figura 9.1 vemos el caso de Iñaki, un hombre que toma diferentes aspectos del yo (padre, esposo…) según el contexto en el que actúe, y que cada aspecto del yo se encuentra sostenido por diferentes atributos (por ejemplo, Iñaki como padre se considera nutricio y amoroso). Evidentemente, ese ejemplo es limitado y reduccionista si nos atenemos a la complejidad del self de cada persona, pero nos sirve como referencia para comprender la multiplicidad del self y su posible potencial terapéutico. Diferentes partes internas se activan en diferentes contextos, y no siempre son fáciles de gestionar.

El mindfulness y la compasión nos ofrecen la capacidad de gestionar, hasta cierto punto, la parte interna que se activa en cada situación. Planteado de otra manera, al combinar el mindfulness y la comprensión de la mente como un elenco de subpersonalidades, lo que conseguimos es acercarnos a las partes internas con una actitud de curiosidad, apertura a la experiencia y actitud comprensiva. Este hecho repercute en una reducción de los conflictos internos y en una mayor cooperación y armonía entre las partes internas que nos habitan, así como en una mayor comprensión de la ausencia de un yo inherente, fijo y limitado (alimentando el ego-centrado), facilitando el acceso a un self mucho más desprendido. Al añadir la compasión, estamos potenciando, además, una subpersonalidad «compasiva» para intentar que «lidere» el resto de las partes.

Para Allen McConnell de la Universidad de Miami, existen una serie de principios dentro de esta forma de entender el self.[4] El fundamental es que el self es una colección de facetas múltiples, que dependen de un contexto, y que está almacenada en nuestra memoria para guiar nuestra conducta. En el caso de Iñaki, sería el primer nivel de la figura 9.1: padre, compañero, profesor y amigo. Aquí se incluyen aspectos significativos de su vida, como sus papeles (padre, profesor…), identidades sociales, relaciones sociales, etcétera. Existen múltiples facetas en cada uno de nosotros, la laboral, la familiar, la religiosa, la que surge cuando animo a mi equipo de fútbol, cuando nos juntamos con amigos de la infancia, etcétera.

Además, cada una de estas facetas está asociada con determinados atributos, que se hacen más accesibles cuando esta faceta está activada. Estos atributos (nivel 2: nutricio, amoroso, detallista) pueden incluir rasgos, conductas, etcétera, que estarían vinculadas a cada uno de estos papeles, los cuales se activarían de forma inmediata. Existen múltiples facetas en cada uno de nosotros, como en el caso de Iñaki: la laboral (seriedad, distancia), la familiar (compasivo, hipervigilancia), la religiosa (compasiva, espiritual), la que surge cuando anima a su equipo de fútbol (desinhibición, impulsividad), cuando se junta con amigos de la infancia (inmadurez, humor), etcétera. Por ejemplo, cuando Iñaki se queda a solas con su pareja, tras acostar ambos a sus hijos, es más probable que surja una versión de él que tenga la faceta comprensiva como predominante o, tal vez, la noche que salga a cenar con sus amigos, sale una versión de él que activa su faceta más divertida. Es fácil que en la faceta padre tenga como atributos el nutricio y amoroso, pero en cambio no surjan el de profesor o amigo, y a su vez puede ser que un atributo sea transversal en todas las facetas.

La pregunta entonces es: ¿podemos lograr una transformación real si solo actuamos sobre una faceta del self? La idea es entender que la transformación sucede cuando intentamos integrar los cambios, entendiendo esta multiplicidad y los múltiples atributos que coexisten en nosotros.

Otro de los principios apunta a que existen facetas que están más presentes que otras. Por ejemplo, Iñaki puede sentirse padre todo el día, mientras que solo es trabajador cuando está en la oficina; además, nos evaluamos sobre aquellas facetas que son más accesibles. Es decir, si alguien se acerca a Iñaki y le dice: «Me encanta cómo cuidas de tus hijos», es mucho más probable que genere en él una emoción positiva en comparación a un halago dirigido a una faceta mucho menos relevante para él, como puede ser la de conductor. Asimismo, la evaluación de una de las facetas podría afectar a la evaluación de las otras. Si alguien dice que nos mostramos muy compasivos y amables con un desconocido, es fácil que accedamos a este mismo sentimiento al llegar a casa y, poco a poco, vaya cambiando nuestra evaluación respecto de nosotros mismos.

Un fenómeno que ilustra cómo cambiamos de mentalidad, papel social o subpersonalidad según el contexto es el que se ha estudiado en el entorno de las mujeres afroamericanas trabajadoras,[5] quienes, debido al sexismo y al racismo implícitos en la sociedad norteamericana, tienen que recurrir a un proceso denominado *shifting* (cambio). Para adaptarse mejor y reducir el impacto de los sesgos y de los estereotipos negativos, modifican su apariencia, su lenguaje, su manera de pensar y sus expectativas, mediante el *shifting*, al pasar del hogar al lugar de trabajo.

Una mujer afroamericana relataba en el estudio citado: «Todos los días adapto mi comportamiento al hecho de que vivo en una sociedad y un ambiente predominantemente blanco. El mejor ejemplo que puedo dar es que hay dos yo: uno que

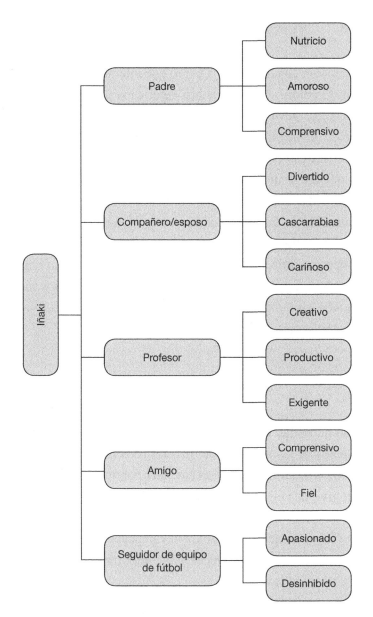

Figura 9.1. La representación del autoconcepto de Iñaki. La columna del medio señala la multiplicidad del yo y la columna de la derecha, los atributos de cada parte del yo (adaptado de McConnell)[4]

interactúa con los blancos y otro que interactúa con las personas de color». Otra mujer afroamericana daba ejemplos más concretos: «Me encantaría llevar rastas, pero hay una connotación tan negativa de las personas blancas hacia las rastas que creo que eso bloquearía mi crecimiento laboral. Otro ejemplo es que tengo un abrigo hecho en África que me encanta usar, pero cada vez que me lo pongo para ir a trabajar, me da la sensación de que he cometido un error, así que he dejado de llevarlo al trabajo». En estas mujeres cambian por completo las subpersonalidades que se activan cuando están en su hogar y cuando están en el trabajo. Si bien esto es algo que nos sucede a todos los humanos, en determinados contextos la activación de ciertas partes internas es más pronunciada.

Tipos de partes internas

Una habilidad que entrenamos en el programa EBC es la de cuantificar la capacidad de detectar partes internas que posee cada persona. El objetivo es entender por qué actuamos de una determinada manera en un determinado contexto. Investigar la razón por la que, a pesar de contar con un deseo real de tener un mayor bienestar, elegimos llevar a cabo conductas que no lo generan, o por qué, a veces, nos comportamos de forma muy poco compasiva.

En nuestra experiencia, tanto a nivel clínico como de intervención psicopedagógica, hemos llegado a detectar 26 grupos

---

GRUPOS DE PARTES INTERNAS O SUBPERSONALIDADES

---

1. Partes protectoras.
2. Partes basadas en la gestión, los logros, la solución de problemas.
3. Partes relacionadas con el placer y el disfrute.
4. Partes críticas internas.
5. Partes vulnerables.
6. Partes cansadas, agotadas.
7. Partes cuidadoras, nutricias, compasivas.
8. Partes miedosas, ansiosas.
9. Partes rebeldes.
10. Partes con prisa, apuradas, con la presión del tiempo.
11. Partes preocupadas.
12. Partes felices, satisfechas.
13. Partes optimistas, esperanzadas.
14. Partes impulsivas, adictas.
15. Partes pesimistas.
16. Partes rabiosas, furiosas, hostiles.
17. Partes autolesivas, masoquistas.
18. Partes fuertes, autoeficaces, resilientes.
19. Partes confiadas.
20. Partes calmadas, equilibradas.
21. Partes sabias.
22. Partes comprometidas.
23. Partes basadas en el autocontrol, la fuerza de voluntad.
24. Partes aventureras, atrevidas.
25. Partes creativas.
26. Partes ecuánimes, mindfulness.

Tabla 9.1. Partes internas o subpersonalidades

de partes internas (véase la tabla 9.1) que tenemos la mayoría de los humanos. Son subpersonalidades o partes internas que representan a esos 26 grupos, lo que muestra la complejidad, la pluralidad y el amplio espectro de tipos de mentes que encontramos en la psique humana. En el terreno de la investigación, se ha observado que la capacidad de detectar partes internas está relacionada con una mayor capacidad de ponerse en el lugar del otro y de comprender mejor lo que está experimentando. Es decir, las personas que más partes internas identifican suelen ser más empáticas y, por el contrario, las personas que poseen poca capacidad introspectiva para detectar partes internas lo suelen ser menos.[6]

A partir de lo expuesto más arriba, proponemos otras habilidades basadas en la toma de conciencia de las partes internas que nos habitan, que pueden suponer una mejor gestión de las situaciones externas conflictivas y una mejor regulación de los estados de ánimo problemáticos. Estas habilidades son:

- La capacidad de tomar conciencia *in situ* (tanto en experiencias positivas como en experiencias adversas) de la subpersonalidad que se encuentra activada o presente en ese momento. Esto se puede hacer con el análisis de varios componentes de cada parte interna. Con ello, llevamos lo aprendido sobre las partes internas a la vida cotidiana.
- La capacidad de identificar las partes internas activadas en el otro en cualquier interacción. Con esto, aprendemos a ponernos en la piel del otro y entender el funcionamiento de su mente.

El self verdadero

Toda esta discusión puede activar otras preguntas: si existen tantas subpersonalidades y versiones del yo, ¿se podría decir que también existe un yo verdadero? o ¿un yo mínimo y esencial?, ¿hay subpersonalidades más auténticas que otras?, ¿qué sucede si vemos nuestro yo bondadoso como no auténtico? Es bastante frecuente que nos encontremos con personas que sienten que dentro de ellas existe un yo verdadero que representa a quienes son por dentro, independientemente de cómo se comporten. Curiosamente, las personas que sienten que tienen un yo verdadero lo suelen catalogar como bondadoso o moralmente bueno.[7] De hecho, cuanto más positivo es un rasgo, más probable es que lo veamos como una parte auténtica de nosotros mismos.[8]

Muchas religiones, a través de la concepción de alma, así como los movimientos terapéuticos alternativos, sugieren la existencia de un yo verdadero (a veces llamado el Ser), potencialmente diferente del mostrado. Frases comunes como las de «sé tú mismo» o «en el fondo es buena persona», o la misma idea de alma, sugieren que existe una naturaleza mínima del yo, que además es inherentemente compasiva. Se ha visto en diferentes estudios que, cuando planteamos dilemas éticos y les proponemos a los participantes que actúen desde su yo auténtico, es más probable que respondan de forma altruista.

Creemos que este aspecto es fundamental para entender el impacto del EBC, ya que muchas veces las personas suelen rechazar estas propuestas porque las ven alejadas de su yo auténtico. Independientemente de que exista o no, desde el modelo EBC no pretendemos modificar esas creencias tan arraigadas. En todo caso, lo que sí pretendemos es flexibilizar cualquier forma rígida de entender el yo y aliarnos en el caso de que implique una visión intrínsecamente bondadosa, para convertirla en la parte del self que domine el resto, la parte interna compasiva.

El cultivo de la parte interna compasiva

Lo que buscamos en el EBC es que los participantes sepan identificar su parte interna autocompasiva y compasiva y que la entrenen para que se transfiera a todas las partes internas, logrando de esta forma que domine sobre el resto de los atributos. Al contrario de lo que propone la teoría dialógica del self, nosotros defendemos la hipótesis de que sí puede existir una subparte que tome el control y coordine el resto. Esa es la parte compasiva del self, cuidadora y nutricia, esa parte que busca la felicidad y cuida a los demás y a uno mismo. Esto no quiere decir que el resto de las partes internas vayan a desaparecer, al contrario, siguen ahí porque son parte de nuestra mente. No obstante, siempre que la parte compasiva esté fuerte y tenga amplia presencia en la mente, el equilibrio y la convivencia funcional entre las partes internas serán de más calidad, incluso sobre aquellas partes que nos pueden complicar el día a día.

Las características de un yo compasivo toman la forma de ciertos atributos y habilidades que casi todos los seres humanos poseemos en potencia. En este escrito, tomamos como referencia la propuesta de Paul Gilbert y la adaptación posterior de Van den Brink y Koster.[9] Los atributos que destacan en el yo compasivo son interdependientes entre sí, algunos son: la preocupación por el bienestar, la sensibilidad, la simpatía, la tolerancia al sufrimiento, la empatía y el no enjuiciamiento. Mientras, las habilidades que produce la activación de un yo compasivo serían: la atención compasiva, la imaginería compasiva, las sensaciones físicas compasivas, los pensamientos y razonamientos compasivos y los sentimientos compasivos.

En la tabla 9.2 proponemos una perspectiva general de los atributos y habilidades que contiene la subpersonalidad del yo compasivo (self-compasivo) y una pequeña explicación de cada una. Esta tabla puede ser útil para chequear el grado de desarrollo en que se encuentra el yo compasivo en nuestra mente y en qué atributos o habilidades nos podríamos centrar para desarrollarlo más, si ese fuera nuestro objetivo.

Atributos del yo compasivo	Explicación del atributo
Preocupación por el bienestar	La motivación y compromiso de aliviar el sufrimiento y fomentar el bienestar en nosotros y en los demás.
Sensibilidad	Capacidad de ser sensible al dolor y al sufrimiento.
Simpatía	Capacidad de estar emocionalmente conectados (sentir con).

Atributos del yo compasivo	Explicación del atributo
Tolerancia al sufrimiento	Mantener nuestro dolor y reacciones dentro de una consciencia *mindful*. Resiliencia ante el estrés, para que no nos abrume ni arrastre.
Empatía	Capacidad de ponernos en el lugar (en los zapatos, en la piel...) del otro. También se puede empatizar con partes internas de nuestra propia mente.
No enjuiciar	Capacidad de salir al encuentro del otro con mente abierta, sin prejuicios y de manera respetuosa ante la pluralidad de la mente humana y las complejidades de la vida.
Habilidades del yo compasivo	**Explicación de la habilidad**
Atención compasiva	Actitud atencional *mindful* (amable y no enjuiciadora).
Imaginería compasiva	Recurrir a técnicas de imaginación para evocar imágenes que tengan efecto saludable y beneficioso.
Sensaciones físicas compasivas	Centrarse en la compasión explorando, notando e incrementando las experiencias en el cuerpo y en los sentidos.
Pensamientos y razonamientos compasivos	Desde la terapia cognitivo-conductual a evocar y aprender pensamientos y razonamientos más funcionales. Desde las terapias de 3ª generación a defusión cognitiva. Observar nuestra mente pensante, y notar el efecto de los pensamientos en nuestro bienestar.
Sentimientos compasivos	Generar conscientemente un tono emocional cálido y crear condiciones para sentir emociones positivas como gratitud o serenidad.

Tabla 9.2. ¿Cómo es el yo compasivo? Atributos y habilidades del yo compasivo (adaptado de Gilbert y Van den Brink y Koster)

Multiplicidad del self en el EBC

El título de este capítulo es ¿Por qué no trabajamos en equipo? Le hemos puesto este nombre porque creemos que puede ayudar a entender por qué a muchos nos cuesta mantener un determinado compromiso con una práctica y no lo logramos, o por qué obtenemos mejorías en una sola área. Nos parece clave conectarlo con el modelo de bienestar del que partimos, donde el foco está puesto en trabajar una visión más ego-descentrada. Es fácil que, tras la observación pormenorizada de los self que nos habitan, vayamos percibiendo su insustancialidad y, por lo tanto, a través del descentramiento o metacognición, logremos transformar lo que consideramos un yo-mismo fijo e inherente (capítulo 5) en uno más flexible o hipoegoico.

No obstante, es necesario ser consciente de que prácticamente ningún ser humano considerará que posee un yo compasivo completamente desarrollado, sino que es más bien un proyecto vital. Cada persona podrá analizar y reflexionar sobre qué atributos o habilidades desea entrenar o aprender a desarrollar de manera más funcional y, posteriormente, siempre con perseverancia y paciencia, podrá obtener unos resultados que generen un mayor equilibrio en su mente y en el contexto familiar, laboral o social en el que viva.

En este módulo se trabaja cómo identificar subpersonalidades y el impacto que tiene el hecho de que dominen en la gestión de la cotidianidad. Se anima a revisar sucesos y a cuestionarse quién dirigía, qué sentía, qué apariencia tenía, qué fortalezas le guiaban, dónde y cómo se representa en el cuerpo, qué narración o diálogo interno lo acompaña, cómo se comporta y cuál es su motivación. Posteriormente, se repite este mismo planteamiento, pero imaginándose que ha sido dominado por la parte compasiva. Además, se practica una meditación llamada «Compasión hacia todos mis yoes», que pretende contemplar la multiplicidad del self y cómo todas estas partes buscan nuestro bienestar.

10. Conclusiones

El principio de un largo camino

Con este libro hemos pretendido introducir un nuevo espacio de diálogo llamado psicología positiva contemplativa y, más concretamente, revisar los modelos teóricos sobre los que se asienta este espacio. Posteriormente, hemos planteado un modelo de trabajo llamado Entrenamiento en bienestar basado en prácticas contemplativas o programa EBC. En este capítulo de conclusiones, nos gustaría recoger algunos aspectos relevantes que se han planteado en este libro.

La premisa de la que partimos es la de que ser feliz o tener bienestar sería la meta más importante para la que trabajamos y actuamos los seres humanos; por lo tanto, entender las causas de la felicidad es un conocimiento clave, que puede ser de gran ayuda, tanto a nivel individual como colectivo. Como se puede ver, el modelo de partida es muy ambicioso. Centramos el objetivo último en una transformación del ego a partir del cultivo de acciones virtuosas, mediante el entrenamiento de cuatro habilidades o constituyentes de acuerdo con el trabajo del neurocientífico Richard Davidson: mindfulness, alargar la emoción positiva, acortar la negativa y altruismo, o bondad. Desde nuestra propuesta, este último constituyente es el más importante y el que organiza la mente para todos los demás. Además, incluimos un quinto constituyente, relacionado con una visión del self como una estructura múltiple, que nos puede ayudar a entender potenciales obstáculos que puedan aparecer en el entrenamiento.

En la figura 10.1 se resumen los pasos del EBC. Empezamos construyendo un yo futuro con bienestar; lo que dice la evidencia es que este yo futuro, mayoritariamente, buscará el equilibrio y la virtud (lo que no deja de ser una hipótesis ya que pueden existir personas que construyan en el futuro un yo no guiado por virtudes). A partir de esta construcción, se desarrollará un plan de implementación basado en fortalezas y virtudes, que se llevará a cabo mediante el entrenamiento en los constituyentes y desde una visión ego-descentrada o hipoegoica.

Figura 10.1. Modelo de cambio en el que se basa el EBC

En términos prácticos, todos los constituyentes están presentes a lo largo de todo el entrenamiento y, a la hora de implementarlo, su secuenciación responde más a razones pedagógicas que a un determinado orden conceptual. Es esencial un buen nivel atencional para poder observar los fenómenos internos y externos, sobre todo la aparición de las emociones positivas y negativas, para poder escoger de esta forma las acciones de tipo virtuoso, como el altruismo y la compasión, o la subpersonalidad del self desde la que queremos operar con el objetivo final de lograr una visión menos ego-centrada y, por ende, un bienestar sostenible.

Uno de los riesgos que hemos asumido ha sido el de crear un entrenamiento etnocéntrico, así como alejado de las necesidades reales de una gran parte de la población. Esta crítica se le ha realizado repetidas veces a la psicología positiva; de hecho, la mayoría de los estudios se han llevado a cabo con una población de estudiantes sin sintomatología, en sociedades occidentales, educadas, industriales, ricas y democráticas (en inglés, las iniciales de estas palabras conforman la palabra WEIRD [trad: raro]).[1] En ningún momento ha estado en la mente de los autores crear un entrenamiento que pueda ser usado indiscriminadamente, y, de hecho, en su origen era un entrenamiento diseñado para meditadores con algo de experiencia, o al menos con la experiencia, de haber realizado un entrenamiento de 8 semanas de mindfulness. Aunque, finalmente, en su implementación se ha desarrollado un entrenamiento modular, sin un número concreto de sesiones para que sea más flexible a la experiencia y a las necesidades de la población de destino.

A nuestro entender, cada uno de los constituyentes planteados en el modelo es en sí mismo un camino, es decir, el entrenamiento sistemático de cada uno de ellos, por separado, puede ser transformador, siempre y cuando esté al servicio de un cambio del egocentrismo a un ego desprendido.

Otro tema importante es si todas las prácticas contemplativas son herramientas que pueden ser diseminadas en todo tipo de poblaciones. Para nosotros, todo responde a cuestiones estrictamente pedagógicas, ya que la meditación puede ser una herramienta para todo el mundo, siempre y cuando se adapte y flexibilice su estructura y enseñanza, y el instructor tenga la formación adecuada para realizar esa labor.

Enemigos cercanos del programa EBC

En la tradición budista se habla muy a menudo de enemigos cercanos y lejanos a la hora de conceptualizar estados sutiles de la mente. Los enemigos lejanos son aquellos que tienes claro que no tienen nada que ver con un estado mental, por ejemplo, confundir compasión con ira. En cambio, los cercanos son los estados mentales que pueden surgir por error cuando nos ponemos a practicar y que son tan similares que los podemos llegar a confundir. A continuación, utilizaremos esta misma lógica para analizar aspectos que puedan confundir los objetivos del entrenamiento.

En el caso de los enemigos lejanos, queda claro que el EBC no propone un modelo de bienestar basado en acaparar bienes materiales o en la búsqueda del placer. Por otro lado, los enemigos cercanos son muchos y algunos son peligrosos, ya que pueden ser incluso dañinos.

El enemigo cercano más obvio es el de la psicología de la nueva era, la psicología barata de autoayuda o el pensamiento positivo. A lo largo del libro, ya hemos avisado acerca de los riesgos de caer en mensajes fáciles, soluciones sencillas y planteamientos de empoderamiento vacíos. A pesar de esto, es fácil que podamos creer que tenemos entre las manos un libro que promete algo, o que da una solución sencilla a algo que la humanidad no ha resuelto en toda su historia, como es la vía para liberarse del sufrimiento y alcanzar el bienestar. Nos hemos propuesto transmitir una serie de conocimientos científicos, que creemos pueden ser útiles para dar sentido a una forma de entender el bienestar y su desarrollo, así como una propuesta conceptual basada en las tradiciones contemplativas para entrenar todo esto. Además, estamos realizando estudios de validación del entrenamiento, que esperamos poder compartir en el futuro.

Otros constructos utilizados en el EBC también tienen enemigos cercanos, como confundir autocompasión con condescendencia, bondad con falta de asertividad, regulación de la emoción negativa con supresión, mindfulness con huida hacia dentro o la multiplicidad del self con nihilismo. En el caso de la práctica de compasión, en el capítulo 8 ya hemos visto lo sutiles que pueden llegar a ser algunas de estas distinciones: compasión-dolor, amor bondadoso-apego, ecuanimidad-indiferencia y regocijo-superficialidad o frivolidad. Este libro propone que la compasión y el altruismo están en la cúspide y, por consiguiente, su incremento y consolidación son esenciales para nuestros objetivos. Un enemigo cercano del altruismo sano es el altruismo «idiota», que interpone el bienestar del otro sobre el de uno mismo, llevando a la persona a unos límites no sostenibles en el tiempo.

Otro enemigo que puede surgir de forma fácil, e incluso comprensible, es entender que el EBC es budista. A pesar de que nos hemos basado en muchos de los conocimientos que ya se transmiten hace miles de años en los primeros escritos del budismo, o que el entrenamiento surge influido por los presupuestos del *pāramitāyana*, todo lo que planteamos está basado en modelos científicos (más o menos discutibles), hipótesis de trabajo cuantificables, y, en esencia, es un entrenamiento secular y científico. Si bien es cierto que algunos de los modelos que proponemos son meras hipótesis, el EBC es un organismo vivo que se nutrirá de todos los avances científicos que nos permitan transformar la mente de las personas.

Por otro lado, hemos estado hablando de virtudes, buena conducta y generosidad, unos mensajes que han defendido y difundido la mayoría de las religiones a lo largo de milenios. Algunas personas podrían pensar que esto representa una especie de vuelta atrás, a las «cavernas» del pensamiento mágico y del puritanismo. Lo que se propone en el EBC no es tratar de parecer bueno o de portarse bien por sentirse vigilado, sino de entender que el cultivo de la virtud y el trabajo, a través de los cuatro constituyentes para el aumento del bienestar, puede ser una propuesta ética, válida y sostenible, para mejorar el bienestar personal y colectivo.

El EBC se enmarca en la segunda ola de entrenamientos basados en mindfulness y también en la segunda ola de entrenamientos en psicología positiva. El debate, sobre si es terapia o no, es amplio y profundo. Considerar el EBC como una terapia también podría ser un enemigo próximo. En nuestro caso, entendemos el EBC como una herramienta de crecimiento psicológico para personas que están en un momento de equilibrio y, por lo tanto, no es una terapia pensada para una población clínica, al menos tal y como está diseñado.

Implicaciones sociales de la psicología positiva contemplativa

Una de las principales críticas que se hace a la psicología positiva, y también a parte del objeto de estudio de las ciencias contemplativas, es que se tratan de forma superflua y que banalizan el bienestar, convirtiéndolo en un producto de consumo surgido en las sociedades postindustriales. Al crear la fantasía de que el problema es el bienestar (en lugar de la justicia social), estaríamos alimentando a ciudadanos conformes y sin capacidad de crítica, aunque curiosamente la evidencia en estudios de laboratorio indica todo lo contrario, ya que las personas que tienen altos niveles de bienestar reducen la reactividad a las recompensas económicas y también son más altruistas.[2]

Como ya hemos dicho, los autores entendemos que un mayor conocimiento sobre las causas de la felicidad y la gestión adecuada de la mente no solo pueden mejorar el bienestar psicológico, sino también pueden ser una herramienta de transformación social; es decir, una forma de ética secular que aporte un método con el que trabajar actitudes y habilidades, con el fin de lograr que nuestro mundo sea un lugar mejor para todos. Al respecto, nos adherimos a los tres principios sobre la felicidad propuestos por Richard Layard:[3]

- Debemos medir el progreso humano por el grado en el que las personas disfrutan de su vida.
- El objetivo de nuestros gobernantes debería ser el de crear las condiciones para hacer esto posible.
- La obligación de cada uno de nosotros es crear la mayor cantidad de felicidad posible en el mundo.

Para nosotros, el EBC no solo es un programa para aumentar el bienestar, sino un programa para transformar la sociedad, ya que entendemos la psicología como una vía de acción política con gran poder para mejorar nuestra cotidianidad. Nuestro último objetivo es hacer un mundo más justo, más amable, menos consumista, más ecologista y más consciente.

Como habrá podido observar el lector, el EBC es un modelo intrapersonal, porque interviene sobre aquellos aspectos del bienestar que dependen, más o menos, de uno mismo, pero... ¿qué sucede con el bienestar objetivo y social? Conocemos el impacto que tiene la renta per cápita del país donde se vive, el apoyo social, la percepción de libertad para tomar decisiones, la percepción de corrupción o el vivir en estados donde existe protección social, etcétera. Por esto, es importante tener en cuenta la limitación de nuestra propuesta, la evitación de mensajes fáciles y vacíos y la complejidad del estudio del bienestar humano a escala global.

Estado actual de la evidencia del EBC y próximos pasos

Actualmente, se están llevando a cabo diferentes estudios, algunos de ellos aleatorizados, sobre la eficacia del programa EBC en distintas poblaciones, aunque, de momento, no se pueden mostrar datos de eficacia. Además, se ha realizado una adaptación a entornos educativos y también se ha desarrollado un protocolo basado en estos modelos, para ser aplicado en una población con diagnóstico de trastorno mental grave en fase estable.

Bibliografía
y notas

Capítulo 1

1. World health organization (1948). «Preamble to the constitution of the world health organization». En official records of the world health organization, n.° 2, p. 100. Ginebra: world health organization.
2. Hervás, G. (2009). Psicología positiva. *Revista interuniversitaria de formación del profesorado*, 66, 23-41.
3. Simón, V. (2010). Mindfulness y neurobiología. *Psicoterapia*, 66-67, 5-30.
4. Shonin, E. y Van Gordon, W. (2015). Practical recommendations for teaching mindfulness effectively. *Mindfulness*, 6, 952-955.
5. Dorjee, D. (2016). Defining contemplative science: The metacognitive self-regulatory capacity of the mind, context of meditation practice and modes of existential awareness. *Frontiers in Psychology*, 7, 1788.
6. Davidson, R., Dunne, J., Eccles, J. S., Engle, A., Greenberg, M., Jennings, P. et al. (2012). Contemplative practices and mental training: Prospects for American Education. *Child Development Perspectives*, 6(2), 146-153.
7. Pepping, C. A., Walters, B., Davis, P. J. y O'Donovan, A. (2016). Why Do People Practice Mindfulness? An Investigation into Reasons for Practicing Mindfulness Meditation. *Mindfulness*, 7(2), 542-547.
8. Cebolla, A. J. y Campos, D. (2016). Enseñar mindfulness: contextos de instrucción y pedagogía. *Revista de Psicoterapia*, 27.
9. Cebolla, A., Demarzo, M., Martins, P., Soler, J. y García-Campayo, J. (2017). Unwanted effects: Is there a negative side of meditation? A multicentre survey. *PLoS ONE*, 12(9).

10. Farb, N., Desormeau, P. A. y Dinh-Williams, L. (2016). The Neuroscience of Hypo-Egoic Processes. En Brown, K.W. y Leary M.R. (Ed.) *The Oxford Handbook of Hypo-Egoic Phenomena*. Oxford University Press.
11. Cebolla, A., Roig, Á., Alvear, D., Soler, J. y García-Campayo, J. (2017). Psicología positiva contemplativa: Integrando mindfulness en la psicología positiva. *Papeles del psicólogo,* 38(1), 12-18.

Capítulo 2

1. Cabanas, E. y Sánchez, J. C. (2012). Las raíces de la psicología positiva. *Papeles del Psicólogo*, 33 (3), 172-182.
2. Ehrenreich, B. (2009). *Bright-sided: how positive thinking is undermining America*. Nueva York: Metropolitan Books.
3. Joshanloo, M. y Weijers, D. (2014). Aversion to happiness across cultures: A review of where and whypeople are averse to happiness. *Journal of Happiness Studies*, 15(3), 717-735.
4. Agbo, A.A. y Ngwu, C.N. (2017). Aversion to happiness and the experience of happiness: The moderating roles of personality. *Personality and Individual Differences*, *111*, 227-231.
5. Pérez-Álvarez, M. (2012). La psicología positiva: magia simpática. *Papeles del Psicólogo*, 33, 183-201.
6. Ricard, M. (2005). *En defensa de la felicidad*. Urano.
7. *Organización para la Cooperación y el Desarrollo Económicos (OCDE) (2017). How's Life? 2017: Measuring Well-being*, OECD Publishing, París,
8. Grinde, B. (2002). *Darwinian Happiness—Evolution as a Guide for Living and Understanding Human Behavior*. Princeton: The Darwin Press. Grinde, B. (2002). Happiness in the perspective of evolutionary psychology. *Journal of Happiness Studies*, 3: pp. 331-354.
9. Fredrickson, B. L. y Branigan, C. (2005). Positive emotions broaden the scope of attention and thought-action repertoires. *Cognition and emotion*, 19(3), 313-332.
10. Lu, L. (2001). Understanding Happiness: A Look into the Chinese Folk Psychology. *Journal of Happiness Studies*, 2(4), 407-432.
11. Lyubomirsky, S., Sheldon, K. M. y Schkade, D. (2005). Pursuing happiness: The architecture of sustainable change. *Review of General Psychology*, 9(2), 111-131.

12. Lykken, D. y Tellegen, A. (1996). Happiness is a stochastic phenomenon. *Psychological Science*, 7(3), 186-189.
13. Brickman, P. y Campbell, D. (1971). Hedonic relativism and planning the good society. En: M. H. Apley (Ed.), *Adaptation-level theory: A symposium* (pp. 287-302). Nueva York: Academic Press.
14. Lyubomirsky, S. (2007). *The how of happiness: A new approach to getting the life you want*. Nueva York: Penguin Books.
15. Warner, R.M. y Vroman, K.G. (2011). Happiness inducing behaviors in everyday life: An empirical assessment of "the how of happiness". *Journal of Happiness Studies*, 12(6), 1063-1082.
16. Tongeren, D.R.V. y Burnette, J.L. (2018). Do you believe happiness can change? An investigation of the relationship between happiness mindsets, well-being, and satisfaction. *The Journal of Positive Psychology*, 13(2), 101-109.
17. Pflug, J. (2009). Folk theories of happiness: A cross-cultural comParíson of conceptions of happiness in germany and south africa. *Social Indicators Research*, 92(3), 551-563.
18. McMahan, E.A. y Estes, D. (2011). Measuring lay conceptions of well-being: the beliefs about well-being scale. *Journal of Happiness Studies*, 12 (2).
19. Sheldon, K.M. (2013). Individual daimon, universal needs, and subjective well-being: Happiness as the natural consequence of a life well lived. En: A. Waterman (Ed.), *The best within us: Positive psychology perspectives on eudaimonic functioning* (pp. 119-137). Washington, D.C.: American Psychological Association.
20. Sheldon K.M. (2018). Understanding the good life: Eudaimonic living involves well-doing, not well-being, in: *The Social Psychology of Living Well (Sydney Symposium of Social Psychology)*. Routledge, 2018, pp. 116-136.
21. Dambrun, M. y Ricard, M. (2011). Self-centeredness and selflessness: a theory of self-based psychological functioning and its consequences for happiness. *Review of General Psycholog,* 15, 138-157.
22. Huta, V. y Waterman, A. S. (2014). Eudaimonia and its distinction from hedonia: Developing a classification and terminology for understanding conceptual and operational definitions. *Journal of Happiness Studies*, 15(6), 1425-1456.
23. Tiberius, V. y Hall, A. (2010). Normative theory and psychological research: Hedonism, eudaimonism and why it matters. *The Journal of Positive Psychology*, 5, 212-225.

24. Delle Fave, A., Brdar, I., Wissing, M.P., Araujo, U., Castro, A., Freire, T., … Soosai-Nathan, L. (2016). Lay definitions of happiness across nations: the primacy of inner harmony and relational connectedness. *Frontiers in Psycholology*, 7:30.

25. Ekman, P., Davidson, R. J., Ricard, M. y Wallace, B. A. (2005). Buddhist and psychological perspectives on emotions and well-being. *Current Directions in Psychological Science*, 14(2), 59-63.

26. Leary, M. R., Adams, C. E. y Tate, E. B. (2006). Hypo-egoic self-regulation: exercising self-control by diminishing the influence of the self. *Journal of Personality*, 74, 1803-1831.

27. James, W. (1890). *Principles of Psychology*. Chicago: Encyclopedia Britannica; James, W. (1892). *Psychology: the brief course*. Nueva York: Henry Holt.

28. Damasio, A. (2010). *Self comes to mind: Constructing the conscious brain*. Nueva York: Pantheon/Random House.

29. Gallagher, S. (2000). Philosophical conceptions of the self: Implications for cognitive science. *Trends in Cognitive Sciences*, 4, 14-21.

30. Farb, N., Desormeau, P. y Dinh-Williams, L. (2016-11-01). The neuroscience of hypo-egoic processes. En: *The Oxford Handbook of Hypo-egoic Phenomena*: Oxford University Press.

31. Vago, D. R. y Silbersweig, D. A. (2012). Self-awareness, self-regulation, and self-transcendence (S-ART): a framework for understanding the neurobiological mechanisms of mindfulness. *Frontiers in human neuroscience*, 6, 296.

32. Leary, M. R. (2004). *The curse of the self: Self-awareness, egotism, and the quality of human life*. Nueva York: Oxford University Press.

33. McCrae, R. y John, O. (1992). An Introduction to the five-factor model and its applications. *Journal of Personality*, 60(2), pp.175-215.

34. Diebels, K. J., Leary, M. R. y Chon, D. (2018). Individual differences in selfishness as a major dimension of personality: A reinterpretation of the sixth personality factor. *Review of General Psychology*, 22(4), 367-376.

35. Dambrun, M., Ricard, M., Després, G., Drelon, E., Gibelin, E., Gibelin, M. y Bray, E. (2012). Measuring happiness: from fluctuating happiness to authentic durable happiness. *Frontiers in Psychology*, 3:16.

36. Hitokoto, H. y Uchida, Y. (2015). Interdependent happiness: Theoretical importance and measurement validity. *Journal of Happiness Studies*, 16(1), 211-239.

37. Gruber, J., Mauss, I.B. y Tamir, M. (2011). A dark side of happiness? How,

when, and why happiness is not always good. *Perspectives on Psychological Science*, 6, 222-233.

38. Lutz, A., Slagter, H.A., Dunne, J.D. y Davidson, R.J. (2008). Attention regulation and monitoring in meditation. *Trends in Cognitive Science*, 12:163-169.

39. West, M.A. (1987). *The psychology of meditation*. Clarendon Press.

40. Walsh, R. y Shapiro, S. L. (2006). The meeting of meditative disciplines and western psychology: A mutually enriching dialogue. *American Psychologist*, 61(3), 227-239.

41. Dahl, C. J., Lutz, A. y Davidson, R. J. (2015). Reconstructing and deconstructing the self: Cognitive mechanisms in meditation practice. *Trends in Cognitive Sciences,* 19(9), 515-523.

42. Davidson, R. y Schuyler, B. (2015). Neuroscience of happiness. En: J. Helliwell, R. Layard y J. Sachs (Eds.), *World happiness report 2015* (pp. 88-105). Nueva York: Sustainable Development Solutions Network.

43. Singer, T. y Engert, V. (2019). It matters what you practice: differential training effects on subjective experience, behavior, brain and body in the ReSource Project. *Current Opinion in Psychology*, 28, 151-158.

44. McConnell, A. R. (2011). The multiple self-aspects framework: self-concept representation and its implications. *Personality and Social Psychology Review*, 15, 3-27.

45. Schwartz, R. C. (1995). *Guilford family therapy series. Internal family systems therapy*. Nueva York, NY, US: Guilford Press.

Capítulo 3

1. Schwartz, S. H. (2011). Studying values: personal adventure, future directions. *Journal of Cross-Cultural Psychology*, 42(2), 307-319.

2. Schwartz, B. y Sharpe, K. (2011). *Practical Wisdom: The Right Way to Do the Right Thing* (Reprint edition). Riverhead Books.

3. Fowers, B. J. (2005). *Virtue and psychology: Pursuing excellence in ordinary practices*. Washington, DC, US: American Psychological Association.

4. Morales-Vives, F., Raad, B. D. y Vigil-Colet, A. (2014). Psycho-lexically based virtue factors in Spain and their relation with personality traits. *The Journal of General Psychology*, 141(4), 297-325.

5. Schwartz, S. H. (2011). Studying values: personal adventure, future directions. *Journal of Cross-Cultural Psychology*, 42(2), 307-319.

6. Pigliucci, M. (2017). *How to Be a Stoic: Using Ancient Philosophy to Live a Modern Life*. Nueva York: Basic Books.

7. Appey Rimpoche, K. (2008). *Teachings on Sakya Pandita's clarifying the sage's intent*. Vajra Publications.

8. War Yar Mein da (2015). A study of paramis (paramitas) as reflected in therevada and mahana buddhist tradition. Doctoral dissertation. University of Calcuta.

9. Royo, A (1988). *Teología de la perfección cristiana*. Madrid: BAC.

10. Peterson, C. y Seligman, M. E. P. (2004). *Character strengths and virtues: A handbook and classification*. Nueva York: Oxford University Press/ Washington, DC, American Psychological Association

11. McGrath, R. E. (2014). Scale- and item-level factor analysis of the VIA inventory of strengths. *Assessment*, 21, 4-14.

12. Dahlsgaard, K., Peterson, C. y Seligman, M. E. P. (2005). Shared virtue: the convergence of valued human strengths across culture and history. *Review of General Psychology*, 9(3), 203-213.

13. Park, N. y Peterson, C. (2009). Character strengths: research and practice. *Journal of College and Character*, 10(4).

14. McGrath, R. E. (2015). Integrating psychological and cultural perspectives on virtue: The hierarchical structure of character strengths. *Journal of Positive Psychology*, 10, 407-424.

15. Curren, R. y Kotzee, B. (2014). Can virtue be measured? *School Field*, 12(3), 266-282.

Capítulo 4

1. Lomas, T. y Ivtzan, I. (2016). Second wave positive psychology: exploring the positive–negative dialectics of wellbeing. *Journal of Happiness Studies*, 17(4), 1753-1768.

2. Hershfield, H.E., Scheibe, S., Sims, T.L. y Carstensen, L.L. (2013). When feeling bad can be good: mixed emotions benefit physical health across adulthood. *Social psychological and personality science*, 4(1), 54-61.

3. Van Gordon, W., Shonin, E. y Griffiths, M. D. (2015). Towards a second generation of mindfulness-based interventions. *The Australian and New Zealand Journal of Psychiatry*, 49(7), 591-592.

4. Mauss, I. B., Tamir, M., Anderson, C. L. y Savino, N. S. (2011). Can seeking

happiness make people happy? Paradoxical Effects of Valuing Happiness. *Emotion*, 11(4), 807-815.

5. Ji, J.L., Heyes, S.B., MacLeod, C. y Holmes, E.A. (2016). Emotional mental imagery as simulation of reality: fear and beyond- a tribute to Peter Lang. *Behaviour Therapy*, 47(5), 702-719.

6. Pearson, D.G., Deeprose, C., Wallace-Hadrill, S.M., Heyes, S.B. y Holmes, E.A. (2013). Assessing mental imagery in clinical psychology: A review of imagery measures and a guiding framework. *Clinical Psychology Review*, 33(1), 1-23.

7. Dror, I. E. y Kosslyn, S. M. (1994). Mental imagery and aging. *Psychology and Aging*, 9(1), 90-102.

8. Libby, L. K. y Eibach, R. P. (2011). Self-enhancement or self-coherence? Why people shift visual perspective in mental images of the personal past and future. *Personality y Social Psychology Bulletin*, 37(5), 714-726.

9. Grant, A. M. y Hofmann, D. A. (2011). It's not all about me: motivating hand hygiene among health care professionals by focusing on patients. *Psychological Science*, 22(12), 1494-1499.

10. Loveday, P. M., Lovell, G. P. y Jones, C. M. (2018). The best possible selves' intervention: a review of the literature to evaluate efficacy and guide future research. *Journal of Happiness Studies*, 19(2), 607-628.

11. Hershfield, H.E. (2011). Future self-continuity: how conceptions of the future self transform intertemporal choice. *Annals of the New York Academy of Sciences*, 1235, 30-43.

12. Rothman, A.J., Gollwitzer, P.M., Grant, A.M., Neal, D.T., Sheeran, P. y Wood, W. (2015). Hale and hearty policies: how psychological science can create and maintain healthy habits. *Perspectives on Psychological Science: A Journal of the Association for Psychological Science*, 10(6), 701-705.

13. Van Gelder, J.L., Hershfield, H.E. y Nordgren, L.F. (2013). Vividness of the future self predicts delinquency. *Psychological Science*, 24(6), 974-980.

14. Hershfield, H.E. (2011). Future self-continuity: how conceptions of the future self transform intertemporal choice. *Annals of the New York Academy of Sciences*, 1235, 30-43.

15. Sheeran, P. y Webb, T.L. (2016). The intention–behavior gap. *Social and Personality Psychology Compass*, 10(9), 503-518.

16. Parks-Stamm, E.J. y Gollwitzer, P.M. (2009). Goal implementation: the benefits and costs of if-then planning. En *The psychology of goals* (p. 362-391). Nueva York, NY, US: Guilford Press.

17. Herramienta estadística utilizada para sintetizar datos de una serie de estudios. Es el nivel más alto de evidencia científica con el que contamos.
18. Gollwitzer, P.M. y Sheeran, P. (2006). Implementation intentions and goal achievement: a meta-analysis of effects and processes. En *Advances in experimental social psychology*, 38, 69-119.

Capítulo 5

1. Killingsworth, M.A. y Gilbert, D.T. (2010). A Wandering mind is an unhappy mind. *Science*, 330, 932-932.
2. Mooneyham, B. W. y Schooler, J. W. (2013). The costs and benefits of mind-wandering: a review. *Canadian Journal of Experimental Psychology*, 67(1), 11-18.
3. Jazaieri, H., Lee, I. A., McGonigal, K., Jinpa, T., Doty, J. R., Gross, J. J. y Goldin, P. R. (2016). A wandering mind is a less caring mind: daily experience sampling during compassion meditation training. *The Journal of Positive Psychology*, 11(1), 37-50.
4. Wilson, T. D., Reinhard, D. A., Westgate, E. C., Gilbert, D. T., Ellerbeck, N., Hahn, C., ... Shaked, A. (2014). Just think: The challenges of the disengaged mind. *Science*, 345(6192), 75-77.
5. Idioma del grupo prácrito de lenguas indoeuropeas. Los primeros escritos del budismo se hicieron en esta lengua.
6. Analayo, B. (2003). *Satipaṭṭhāna, the Direct Path to Realization*. Birmingham: Windhorse.
7. Cebolla, A. y Campos, D. (2016). Enseñar mindfulness: contextos de instrucción y pedagogía. *Revista de Psicoterapia, 27*.
8. Analayo, B. (2018). Mindfulness constructs in early buddhism and theravāda: another contribution to the memory debate. *Mindfulness*, 9(4), 1047-1051.
9. Analayo, B. (2018). Once again on mindfulness and memory in early buddhism. *Mindfulness*, 9(1), 1-6.
10. Colección de textos de la tradición budista theravada, se preservan en lengua pali.
11. Kabat-Zinn, J. (1990) *Full catastrophe living: using the wisdom of your body and mind to face stress, pain, and illness*. Nueva York, NY: Delacorte Press.
12. Bishop, S. R., Lau, M., Shapiro, S., Carlson, L., Anderson, N. D., Carmody,

J., ... Devins, G. (2004). Mindfulness: a proposed operational definition. *Clinical Psychology: Science and Practice*, 11(3), 230-241.

13. Vago, D. R. y Silbersweig, D. A. (2012). Self-awareness, self-regulation, and self-transcendence (S-ART): a framework for understanding the neurobiological mechanisms of mindfulness. *Frontiers in Human Neuroscience*, 6, 296.

14. Waszczuk, M. A., Zavos, H. M. S., Antonova, E., Haworth, C. M., Plomin, R. y Eley, T. C. (2015). A multivariate twin study of trait mindfulness, depressive symptoms, and anxiety sensitivity. *Depression and Anxiety*, 32(4), 254-261.

15. Baer, R.A., Smith, G.T., Lykins, E., Button, D., Krietemeyer, J., Sauer, S., ... Williams, J.M.G. (2008). Construct validity of the five facet mindfulness questionnaire in meditating and nonmeditating samples. *Assessment*, 15(3), 329-342.

16. Dahl, C. J., Lutz, A. y Davidson, R. J. (2015). Reconstructing and deconstructing the self: cognitive mechanisms in meditation practice. *Trends in Cognitive Sciences*, 19(9), 515-523.

17. Lutz, A., Slagter, H. A., Dunne, J. D. y Davidson, R. J. (2008). Attention regulation and monitoring in meditation. *Trends in cognitive sciences*, 12(4), 163-169.

18. Hölzel, B. K., Lazar, S. W., Gard, T., Schuman-Olivier, Z., Vago, D. R. y Ott, U. (2011). How does mindfulness meditation work? Proposing mechanisms of action from a conceptual and neural perspective. *Perspectives on Psychological Science: A Journal of the Association for Psychological Science*, 6(6), 537-559.

19. Tang, Y.-Y., Hölzel, B. K. y Posner, M. I. (2015). The neuroscience of mindfulness meditation. *Nature Reviews. Neuroscience*, 16(4), 213-225.

20. Hervás, G., Cebolla, A. y Soler, J. (2016). Intervenciones psicológicas basadas en mindfulness y sus beneficios: estado actual de la cuestión. *Clínica y Salud*, 27(3), 115-124.

21. Michalak, J., Mischnat, J. y Teismann, T. (2014). Sitting posture makes a difference-embodiment effects on depressive memory bias. *Clinical Psychology and Psychotherapy*, 21(6), 519-524.

22. Gross, J. J. (1998). The emerging field of emotion regulation: An integrative review. *Review of General Psychology*, 2(3), 271-299.

23. MacLean, K. A., Ferrer, E., Aichele, S. R., Bridwell, D. A., Zanesco, A. P., Jacobs, T. L., ... Saron, C. D. (2010). Intensive meditation training improves perceptual discrimination and sustained attention. *Psychological Science*, 21(6), 829-839.

24. Wyatt, C., Harper, B. y Weatherhead, S. (2014). The experience of group mindfulness-based interventions for individuals with mental health difficulties: a meta-synthesis. *Psychotherapy Research: Journal of the Society for Psychotherapy Research*, 24(2), 214-228.

25. Sahdra, B. K., Shaver, P. R. y Brown, K. W. (2010). A scale to measure non-attachment: a buddhist complement to western research on attachment and adaptive functioning. *Journal of Personality Assessment*, 92(2), 116-127.

26. Cebolla, A., Galiana, L., Campos, D., Oliver, A., Soler, J., Demarzo, M., ... García-Campayo, J. (2018). How does mindfulness work? exploring a theoretical model using samples of meditators and non-meditators. *Mindfulness*, 9(3), 860-870.

27. Alvear, D. (2015). *Mindfulness en positivo: La ciencia de la atención plena y la psicología positiva en el camino del bienestar*. Lérida: Editorial Milenio.

28. Garland, E. L., Geschwind, N., Peeters, F. y Wichers, M. (2015). Mindfulness training promotes upward spirals of positive affect and cognition: multilevel and autoregressive latent trajectory modeling analyses. *Frontiers in Psychology*, 6.

29. Franquesa, A., Cebolla, A., García-Campayo, J., Demarzo, M., Elices, M., Pascual, J. C. y Soler, J. (2017). Meditation practice is associated with a values-oriented life: the mediating role of decentering and mindfulness. *Mindfulness*, 8(5), 1259-1268.

30. Campos, D., Cebolla, A., Quero, S., Bretón-López, J., Botella, C., Soler, J., ... Baños, R. M. (2016). Meditation and happiness: mindfulness and self-compassion may mediate the meditation–happiness relationship. *Personality and Individual Differences*, 93, 80-85.

31. Kuyken, W., Watkins, E., Holden, E., White, K., Taylor, R. S., Byford, S., ... Dalgleish, T. (2010). How does mindfulness-based cognitive therapy work? *Behaviour Research and Therapy*, 48(11), 1105-1112.

32. Hollis-Walker, L. y Colosimo, K. (2011). Mindfulness, self-compassion, and happiness in non-meditators: a theoretical and empirical examination. *Personality and Individual Differences*, 50(2), 222-227.

33. Brito-Pons, G., Campos, D. y Cebolla, A. (2018). Implicit or explicit Compassion? Effects of compassion cultivation training and comParíson with mindfulness-based stress reduction. *Mindfulness*, 9(5), 1494-1508.

Capítulo 6

1. Fredrickson, B. (2009). *Positivity: Groundbreaking research reveals how to embrace the hidden strength of positive emotions, overcome negativity, and thrive*. Nueva York, NY, US: Crown Publishers/Random House.
2. Fredrickson, B. L. (2001). The role of positive emotions in positive psychology: The broaden-and-build theory of positive emotions. *American Psychologist*, 56(3), 218-226.
3. Aknin, L., Van de Vondervoort, J. y Hamlin, J. K. (2017). Positive feelings reward and promote prosocial behavior. *Current Opinion in Psychology*, 20.
4. Piff, P. K., Dietze, P., Feinberg, M., Stancato, D. M. y Keltner, D. (2015). Awe, the small self, and prosocial behavior. *Journal of Personality and Social Psychology*, 108(6), 883-899.
5. Del Pino-Sedeño, T., Peñate, W. y Bethencourt, J. M. (2011). La escala de valoración del estado de ánimo (EVEA): análisis de la estructura factorial y de la capacidad para detectar cambios en el estado de ánimo. *Análisis y Modificación de Conducta*, 36, 19-32.
6. Vaillant, G. (2008). *Spiritual evolution: a scientific defense of faith*. Nueva York: Broadway Books.
7. Reeve, J. (2017). *Understanding motivation and emotion (7th ed.)* Hoboken, NJ: Wiley.
8. Niemiec, R. M. (2014). *Mindfulness and character strengths: A practical guide to flourishing*. Cambridge, MA: Hogrefe.
9. Algoe, S. B., Haidt, J. y Gable, S. L. (2008). Beyond reciprocity: gratitude and relationships in everyday life. *Emotion* (Washington, D.C.), 8(3), 425-9.
10. Fredrickson, B. L. y Cohn, M. A. (2008). Positive emotions. In M. Lewis, J. M. Haviland-Jones y L. F. Barrett (Eds.), *Handbook of emotions* (pp. 777-796). Nueva York, NY, US: The Guilford Press.
11. Kashdan, T. B. y Silvia, P. J. (2009). Curiosity and interest: The benefits of thriving on novelty and challenge. En: S. J. Lopez y C. R. Snyder (eds.), *Oxford library of psychology. Oxford handbook of positive psychology* (pp. 367-374). Nueva York, NY, US: Oxford University Press.
12. Collins, A. B. y Kuehn, M. D. (2004). The Construct of Hope in the Rehabilitation Process. *Rehabilitation Education*, 18(3), 175-183.
13. Snyder, C. R. (1994). *The psychology of hope: You can get there from here*. Nueva York, NY, US: Free Press.

14. Jeanne Nakamura. (2013). Pride and the experience of meaning in daily life, *The Journal of Positive Psychology*, 8:6, 555-567.

15. Fredrickson, B. (2009). *Positivity: Groundbreaking research reveals how to embrace the hidden strength of positive emotions, overcome negativity, and thrive*. Nueva York, NY, US: Crown Publishers/Random House.

16. Thrash, T. M. y Elliot, A. J. (2003). Inspiration as a psychological construct. *Journal of Personality and Social Psychology*, 84, 871-889.

17. Piff, P. K., Dietze, P., Feinberg, M., Stancato, D. M. y Keltner, D. (2015). Awe, the small self, and prosocial behavior. *Journal of Personality and Social Psychology*, 108(6), 883-899.

18. Dorjee, D. (2014). *Mind, brain and the path to happiness: A guide to Buddhist mind training and the neuroscience of meditation*. Nueva York, NY, US: Routledge/Taylor & Francis Group. Fredrickson, B. L., Cohn, M. A., Coffey, K. A., Pek, J. y Finkel, S. M. (2008). Open hearts build lives: Positive emotions, induced through loving-kindness meditation, build consequential personal resources. *Journal of Personality and Social Psychology*, 95(5), 1045-1062.

19. Heller, A. S., Lapate, R. C., Mayer, K. E. y Davidson, R. J. (2014). The face of negative affect: Trial-by-trial corrugator responses to negative pictures are positively associated with amygdala and negatively associated with ventromedial prefrontal cortex activity. *Journal of Cognitive Neuroscience*, 2102-2110.

20. Fernández-Abascal, E. (2015). *Disfrutar de las emociones positivas*. Grupo 5.

21. Diener, E. (2000). Subjective well-being: The science of happiness and a proposal for a national index. *American Psychologist*, 55(1), 34-43.

22. Seligman, M. (2018). PERMA and the building blocks of well-being, *The Journal of Positive Psychology,* 13:4, 333-335.

23. Fredrickson, B. L. y Losada, M. F. (2005). Positive affect and the complex dynamics of human flourishing. *American Psychologist*, 60(7), 678-686.

24. Danner, D., Snowdon, D. y Friesen, W. (2001) Positive emotions in early life and longevity: Findings from the nun study. *Journal of Personality and Social Psychology*, 80, 804-813

25. Cohen, S. y Pressman, S.D. (2006). Positive affect and health. *Current Directions in Psychological Science*, 15(3), 122-125.

26. Grant, N., Wardle, J. y Steptoe, A. (2009). The relationship between life satisfaction and health behavior: a cross-cultural analysis of young adults. *International journal of behavioral medicine,* 16, 259-68.

27. Aspinwall, L. y Tedeschi, R. (2010). The value of positive psychology for health psychology: progress and pitfalls in examining the relation of positive phenomena to health. *Annals of behavioral medicine,* 39. 4-15.

28. Kiken, L., Lundberg, K. B. y Fredrickson, B. (2017). Being present and enjoying it: dispositional mindfulness and savoring the moment are distinct, interactive predictors of positive emotions and psychological health. *Mindfulness,* 8.

29. Bryant, F. B. y Veroff, J. (2007). *Savoring: A new model of positive experience.* Mahwah, NJ, US: Lawrence Erlbaum Associates Publishers.

30. Bryant, F., Chadwick, E. y Kluwe, K. (2011). Understanding the processes that regulate positive emotional experience: unsolved problems and future directions for theory and research on savoring. *International Journal of Wellbeing,* 1.

31. Heller, A. S., van Reekum, C. M., Schaefer, S. M., Lapate, R. C., Radler, B. T., Ryff, C. D. y Davidson, R. J. (2013). Sustained ventral striatal activity predicts eudaimonic well-being and cortisol output. *Psychological Science,* 24(11), 2191-2200.

32. Wood, J. V., Heimpel, S. A. y Michela, J. L. (2003). Savoring Versus Dampening: Self-Esteem Differences in Regulating Positive Affect. *Journal of Personality and Social Psychology,* 85(3), 566-580.; Millgram, Y., Joormann, J., Huppert, J. D., & Tamir, M. (2015). Sad as a Matter of Choice? Emotion Regulation Goals in Depression. *Psychological Science,* 26(8), 1216-1228.

33. Bryant, F. B. (2003). Savoring beliefs inventory (SBI): A scale for measuring beliefs about savouring. *Journal of Mental Health,* 12(2), 175-196.

34. Smith, J. L., Harrison, P. R., Kurtz, J. L. y Bryant, F. B. (2014). Nurturing the capacity to savor: Interventions to enhance the enjoyment of positive experiences. En: A. C. Parks y S. M. Schueller (eds.), *The Wiley Blackwell handbook of positive psychological interventions* (pp. 42-65). Wiley-Blackwell.

35. Bryant, F. B. y Veroff, J. (2007). *Savoring: A new model of positive experience.* Mahwah, NJ, US: Lawrence Erlbaum Associates Publishers.

36. Smith, J. L. y Bryant, F. B. (2017). Savoring and well-being: Mapping the cognitive-emotional terrain of the happy mind. En: M. D. Robinson y M. Eid (eds.), *The happy mind: Cognitive contributions to well-being* (pp. 139-156). Cham, Suiza: Springer International Publishing.

37. Hanson, R. (2013). *Hardwiring Happiness: The New Brain Science of Contentment, Calm, and Confidence.* Nueva York: Harmony Books.

38. Emmons, R. y Stern, R. (2013). Gratitude as a Psychotherapeutic Intervention. *Journal of clinical psychology*, 69.
39. Roberts, R. C. (2004). The Blessings of Gratitude: A Conceptual Analysis. En: R. A. Emmons y M. E. McCullough (eds.), *Series in affective science. The psychology of gratitude* (pp. 58-78). Nueva York, NY, US: Oxford University Press.
40. Armenta, C.N., Fritz, M.M. y Lyubomirsky, S. (2017). Functions of positive emotions: gratitude as a motivator of self-improvement and positive change. *Emotion Review*, 9(3), 183-190.
41. Bögels, S. M. y Emerson, L. M. (2019). The mindful family: a systemic approach to mindfulness, relational functioning, and somatic and mental health. *Current Opinion in Psychology*, 28, 138-142.
42. Peterson, C. y Seligman, M. E. P. (2004). *Character strengths and virtues: A handbook and classification*. Nueva York: Oxford University Press/ Washington, DC: American Psychological Association.
43. Niemiec, R. M. (2014). *Mindfulness and character strengths: A practical guide to flourishing*. Cambridge, MA: Hogrefe.
44. Peterson, C. y Seligman, M. E. P. (2004). *Character strengths and virtues: A handbook and classification*. Nueva York: Oxford University Press/ Washington, DC: American Psychological Association.
45. Peterson, C., Park, N. y Seligman, M. E. P. (2005). Assessment of character strengths. En: G. P. Koocher, J. C. Norcross y S. S. Hill (Eds.), *Psychologists' desk reference* (pp. 93-98). Nueva York: Oxford University Press.
46. Azañedo, C.M., Fernández-Abascal, E.G. y Barraca, J. (2014). Character strengths in Spain: Validation of the Values in Action Inventory of Strengths (VIA-IS) in a Spanish sample. *Clínica y Salud*, 25 (2014) 123-130.
47. Lebon, T. (2014). *Achieve your potential with positive psychology*. Londres: Hodder
48. Rashid, T. (2015). Positive psychotherapy: A strength-based approach. *The Journal of Positive Psychology*, 10(1), 25-40.
49. Niemiec, R. M. (2014). *Mindfulness and character strengths: A practical guide to flourishing*. Cambridge, MA: Hogrefe.
50. Lavy, S., Littman-Ovadia, H. y Bareli, Y. (2014) Strengths deployment as a mood-repair mechanism: Evidence from a diary study with a relationship exercise group, *The Journal of Positive Psychology*, 9:6, 547-558.
51. Gilbert, P., McEwan, K., Gibbons, L., Chotai, S., Duarte, J. y Matos, M. (2012). Fears of compassion and happiness in relation to alexithymia, mind-

fulness, and selfcriticism. *Psychology and Psychotherapy: Theory, Research and Practice*, 85, 374-390.

52. Quoidbach, J., Berry, E. V., Hansenne, M. y Mikolajczak, M. (2010). Positive emotion regulation and well-being: Comparing the impact of eight savoring and dampening strategies. *Personality and Individual Differences*, 49 (5), pp. 368-373.

Capítulo 7

1. Lazarus, R. S. (1993). From psychological stress to the emotions: a history of changing outlooks. *Annual Review of Psychology*, 44(1), 1-22.

2. LeDoux, J. E. (2014). Coming to terms with fear. *Proceedings of the National Academy of Sciences of the United States of America*, 111(8), 2871-2878.

3. Schuyler, B. S., Kral, T. R. A., Jacquart, J., Burghy, C. A., Weng, H. Y., Perlman, D. M., ... Davidson, R. J. (2014). Temporal dynamics of emotional responding: amygdala recovery predicts emotional traits. *Social Cognitive and Affective Neuroscience*, 9(2), 176-181.

4. Schaefer, S. M., Boylan, J. M., van Reekum, C. M., Lapate, R. C., Norris, C. J., Ryff, C. D. y Davidson, R. J. (2013). Purpose in life predicts better emotional recovery from negative stimuli. *PLOS ONE*, 8(11), e80329.

5. Davidson, R. J. y Schuyler, B. S. (2015). Neuroscience of happiness. En: J.F. Helliwell, R. Layard y J. Sachs (Eds.), *World Happiness* (88-105). Nueva York, NY: The Earth Institute, Columbia University. PMCID: Policy Exempt

6. Goleman, D. P. y B, E. (2008). *Emociones Destructivas*. Barcelona: Editorial Kairós.

7. Gross, J. J. (2002). Emotion regulation: affective, cognitive, and social consequences. *Psychophysiology*, 39(3), 281-291.

8. Peña-Sarrionandia, A., Mikolajczak, M. y Gross, J. J. (2015). Integrating emotion regulation and emotional intelligence traditions: a meta-analysis. *Frontiers in Psychology*, 6, 160.

9. Aldao, A., Nolen-Hoeksema, S. y Schweizer, S. (2010). Emotion-regulation strategies across psychopathology: A meta-analytic review. *Clinical Psychology Review*, 30(2), 217-237.

10. Gratz, K. L. y Roemer, L. (2004). Multidimensional assessment of emotion regulation and dysregulation: development, factor structure, and ini-

tial validation of the difficulties in emotion regulation scale. *Journal of Psychopathology and Behavioral Assessment*, 26(1), 41-54.

11. McRae, K., Misra, S., Prasad, A. K., Pereira, S. C. y Gross, J. J. (2012). Bottom-up and top-down emotion generation: implications for emotion regulation. *Social Cognitive and Affective Neuroscience*, 7(3), 253-262.

12. Kirschner, H., Kuyken, W., Wright, K., Roberts, H., Brejcha, C. y Karl, A. (2019). Soothing your heart and feeling connected: a new experimental paradigm to study the benefits of self-compassion. *Clinical Psychological Science*.

13. Diedrich, A., Grant, M., Hofmann, S. G., Hiller, W. y Berking, M. (2014). Self-compassion as an emotion regulation strategy in major depressive disorder. *Behaviour Research and Therapy*, 58, 43-51.

14. Bakker, A. M., Cox, D. W., Hubley, A. M. y Owens, R. L. (2018). Emotion regulation as a mediator of self-compassion and depressive symptoms in recurrent depression. *Mindfulness*.

15. Chiesa, A., Serretti, A. y Jakobsen, J. C. (2013). Mindfulness: top–down or bottom–up emotion regulation strategy? *Clinical Psychology Review*, 33(1), 82-96.

16. Christou-Champi, S., Farrow, T. F. D. y Webb, T. L. (2015). Automatic control of negative emotions: evidence that structured practice increases the efficiency of emotion regulation. *Cognition and Emotion*, 29(2), 319-331.

17. Dolma, T. (2015). Different levels of negative emotions and their impact on prosocial behavior. Tesis doctoral no publicada. University of Northern Iowa.

18. Garland, E. L., Fredrickson, B., Kring, A. M., Johnson, D. P., Meyer, P. S. y Penn, D. L. (2010). Upward spirals of positive emotions counter downward spirals of negativity: insights from the broaden-and-build theory and affective neuroscience on the treatment of emotion dysfunctions and deficits in psychopathology. *Clinical psychology review*, 30(7), 849-864.

Capítulo 8

1. Nowak, M. A. (2006). Five rules for the evolution of cooperation. *Science*, 314, 1560-1563.

2. Hamlin, J. K., Wynn, K., Bloom, P. y Mahajan, N. (2011). How infants and toddlers react to antisocial others. *Proceedings of the National Academy of Sciences of the United States of America*, 108(50), 19931-19936.

3. Hill, S. E., DelPriore, D. J. y Major, B. (2013). An evolutionary psychological perspective on happiness. *Oxford Handbook of Happiness*.: Oxford University.

4. Goetz, J. L., Keltner, D. y Simon-Thomas, E. (2010). Compassion: an evolutionary analysis and empirical review. *Psychological bulletin*, 136(3), 351-374.

5. García-Campayo, J., Cebolla, A. y Demarzo, M. (2016). *La ciencia de la compasión*. Madrid: Alianza Editorial.

6. Gilbert, P. y Choden. (2014). *Mindful compassion: how the science of compassion can help you understand your emotions, live in the present, and connect deeply with others*. Oakland, CA: New Harbinger Publications.

7. Sinclair, S., McClement, S., Raffin-Bouchal, S., Hack, T. F., Hagen, N. A., McConnell, S. y Chochinov, H. M. (2016). Compassion in health care: an empirical model. *Journal of Pain and Symptom Management*, 51(2), 193-203.

8. Neff, K. D. y Pommier, E. (2013). The relationship between self-compassion and other-focused concern among college undergraduates, community adults, and practicing meditators. *Self and Identity*, 12(2), 160-176.

9. Breines, J., Toole, A., Tu, C. y Chen, S. (2014). Self-compassion, body image, and self-reported disordered eating. *Self and Identity*, 13(4), 432-448.

10. Wallace, A. (2010). *The four immeasurables: practices to open the heart*. Ithaca, NY: Snow Lion Publications.

11. Gilbert, P. (2010). *Compasión Focused Therapy*. Londres: Routledge.

12. Klimecki, O. M., Leiberg, S., Ricard, M. y Singer, T. (2014). Differential pattern of functional brain plasticity after compassion and empathy training. *Social Cognitive and Affective Neuroscience*, 9(6), 873-879.

13. Liotti, G. y Gilbert, P. (2011). Mentalizing, motivation, and social mentalities: theoretical considerations and implications for psychotherapy. *Psychology and Psychotherapy*, 84(1), 9-25; discussion 98-110.

14. Ekman, D. P. (2014). *Moving Toward Global Compassion* (1 edition). San Francisco: Paul Ekman Group.

15. Marsh, A. A., Stoycos, S. A., Brethel-Haurwitz, K. M., Robinson, P., VanMeter, J. W. y Cardinale, E. M. (2014). Neural and cognitive characteristics of extraordinary altruists. *Proceedings of the National Academy of Sciences of the United States of America*, 111(42), 15036-15041.

16. Valor estadístico que mide cómo de grande es el cambio entre dos medidas.

17. Kirby, J. N., Tellegen, C. L. y Steindl, S. R. (2017). A Meta-analysis of

compassion-based interventions: current state of knowledge and future directions. *Behavior Therapy*, 48(6), 778-792.

18. Gallagher, R. (2013). Compassion fatigue. *Canadian Family Physician*, 59(3), 265-268.

19. Klimecki, O. y Singer, T. (2012). Empathic distress fatigue rather than compassion fatigue? Integrating findings from empathy research in psychology and social neuroscience. En *Pathological altruism* (p. 368-383). Nueva York, NY, US: Oxford University Press.

20. Gilbert, P. (2007). The evolution of shame as a marker for relationship security. En: J. L. Tracy, R. W. Robins y J. P. Tangney (eds.), *The self-conscious emotions: Theory and research* (pp. 283-309). Nueva York, NY: Guilford.

21. Baumeister, R. F. y Leary, M. R. (1995). The need to belong: Desire for interpersonal attachments as a fundamental human motivation. *Psychological Bulletin*, 117(3), 497-529.

22. Curry, O.S., Rowland, L.A., Van Lissa, C.J., Zlotowitz, S., McAlaney, J. y Whitehouse, H. (2018). Happy to help? A systematic review and meta-analysis of the effects of performing acts of kindness on the well-being of the actor. *Journal of Experimental Social Psychology*, 76, 320-329

Capítulo 9

1. Davidson, R. J. y Schuyler, B. S. (2015). Neuroscience of happiness. En: J.F. Helliwell, R. Layard y J. Sachs (Eds.), *World Happiness* (88-105). Nueva York, NY: The Earth Institute, Columbia University. PMCID: Policy Exempt

2. Lester, D. (2012). A multiple self theory of the mind. *Comprehensive Psychology*, 1, 25.

3. Hermans, H. y Hermans-Konopka, A. (2010). *Dialogical self theory*. Cambridge University Press.

4. McConnell, A. R. (2011). The multiple self-aspects framework: self-concept representation and its implications. *Personality and Social Psychology Review*, 15(1), 3-27.

5. Shorter-Gooden, K. (2004). Multiple resistance rtrategies: how african american women cope with racism and sexism. *Journal of Black Psychology*, 30(3), 406-425.

6. Böckler, A., Herrmann, L., Trautwein, F. M., Holmes, T. y Singer, T. (2017).

Know thy selves: learning to understand oneself increases the ability to understand others. *Journal of Cognitive Enhancement*, 1(2), 197-209.

7. De Freitas, J., Cikara, M., Grossmann, I. y Schlegel, R. (2017). Origins of the belief in good true selves. *Trends in Cognitive Sciences*, 21(9), 634-636.

8. Strohminger, N., Knobe, J. y Newman, G. (2017). The true self: a psychological concept distinct from the self. *Perspectives on Psychological Science*, 12(4), 551-560.

9. Van den Brink, E. y Koster, F. (2015). *Mindfulness-based compassionate living*. Nueva York: Routledge.

Capítulo 10

1. Henrich, J., Heine, S. J. y Norenzayan, A. (2010). The weirdest people in the world? *The Behavioral and Brain Sciences*, 33(2-3), 61-83.

2. Lane, T. (2017). How does happiness relate to economic behaviour? A review of the literature. *Journal of Behavioral and Experimental Economics*, 68, 62-78.

3. Layard, R. (2016). Promoting happiness ethics: The greatest happiness principle. En: J. F. Helliwell, R. Layard, & J. Sachs (eds.), *World happiness report*, 2016 (pp. 51-55). Nueva York, NY (USA): Sustainable Development Solutions Network.

editorial **K**airós

Puede recibir información sobre
nuestros libros y colecciones inscribiéndose en:

www.editorialkairos.com
www.editorialkairos.com/newsletter.html
www.letraskairos.com

Numancia, 117-121 • 08029 Barcelona • España
tel. +34 934 949 490 • info@editorialkairos.com